Henning Stoffers

Münster – Menschen, Geschichten und Erinnerungen

agenda

Henning Stoffers

Münster – Menschen, Geschichten und Erinnerungen

Band 3

agenda Verlag
Münster
2022

Gedruckt mit Unterstützung des Landschaftsverbandes Westfalen-Lippe

Für die Menschen.
Für Westfalen-Lippe.

Bibliografische Information der Deutschen Nationalbibliothek
Die Deutsche Nationalbibliothek verzeichnet diese Publikation in der
Deutschen Nationalbibliografie; detaillierte bibliografische Daten sind im
Internet über http://dnb.dnb.de abrufbar.

© 2022 agenda Verlag GmbH & Co. KG
Drubbel 4, D-48143 Münster
Tel. +49-(0)251-799610
info@agenda-verlag.de, www.agenda-verlag.de

Autorenportrait Rückseite: Wilfried Schroeder

Druck und Bindung: TOTEM, Inowroclaw, Polen

ISBN 978-3-89688-748-1

Über dieses Buch

Liebe Leserin, lieber Leser,

bei der Auswahl der Themen möchte ich an die vorangegangenen Bände anschließen. Interessantes und vielleicht auch bereits Vergessenes führen Sie in Münsters Vergangenheit.

Zunächst geht der Ausflug in die 1960er-1970er Jahre. Wie sah Münster damals aus? Was hat sich verändert? Eine kurzweilige und etwas nostalgische Zeitreise nimmt Sie mit in eine vergangene Zeit.

Ernst Wenzel war Lehrer und begeisterter Fotograf. Seine Bilder zeigen eindrucksvolle Personenaufnahmen, das zerstörte Herz-Jesu-Viertel, Ausflüge ins Münsterland und vieles mehr.

Das Kapitel „Freizeit im Wandel der Zeit" oder „Plümpsen, pölen und ‚nen toften Lenz hegen" beschreibt, wie sich in Laufe von Jahrzehnten das Freizeiterhalten verändert hat. Meine Kindheitserinnerungen lasse ich einfließen, unter anderem über die Ausflüge mit den Eltern nach Vennemann in Handorf und Hennings erste elektronischen Basteleien.

Der Bau des Dortmund-Ems-Kanals und des Hafens sind Meilensteine in Münsters Geschichte. Zeitgleich entstand ein neues Stadtviertel: „Klein Muffi". Wie alles dazu kam, wird in diesem Kapitel beschrieben.

Die Stadt wächst und wird größer und damit werden die Fußwege auch immer länger. Dies ist die Geburt des ersten Omnibusses, eines Pferdebusses. Es folgen die Straßenbahn und der O-Bus, der bereits nach wenigen Jahren abgelöst wird. All das finden Sie in diesem historischen Abriss.

Früher schlachtete der Metzger in seinem Betrieb an der Straßenecke. Dann nahm ein Schlachthof im Norden der Stadt für ein Jahrhundert seine Tätigkeit auf. Den Schlachthof gibt es seit einigen Jahrzehnten nicht mehr. Daran erinnert dieser Beitrag. Heute ist auf dem ehemaligen Schlachthofgelände ein Wohngebiet entstanden.

Zwei Männer sind durch eine lange Freundschaft miteinander verbunden. Als der eine Freund ins KZ kommt, setzt sich der andere für ihn ein. Ihr Schicksal und wie sie den Krieg überleben, schildert dieses Kapitel.

Was vor 200 Jahren berichtenswert war, verrät das ‚Amts-Blatt der königl. Regierung zu Münster'. Penibel sind Wetterlagen, Unglücksfälle und Brände aufgeführt. Dieser Rückblick führt in eine längst vergessene Zeit.

Berti Bunsmann schreibt über die große Liebe ihres Lebens, von den Dingen des Alltags und über die Kriegsjahre des 1. Weltkrieges. Ergreifend ist ihre hier wiedergegebene Schilderung über das Sterben ihres geliebten Vaters, der als angesehener Arzt in Münster seinen Beruf ausübte.

Eine kleine Broschüre mit Zeichnungen und erläuternden Reimen war anlässlich des Karnevals 1897 herausgegeben worden und zeigt die Umzugswagen jenes Jahres. Bei näherer Betrachtung der Zeichnungen fand ich etliche Themenwagen so interessant, dass ich sie an dieser Stelle veröffentliche.

Zu guter Letzt nehme ich Sie mit auf einen historischen Spaziergang durch das Aegidiiviertel.

Ich wünsche Ihnen viel Freude beim Lesen – und vielleicht hin und wieder auch etwas Nachdenklichkeit.

Ihr Henning Stoffers

Die reich bebilderten Inhalte

Ausflug in die 60er-70er Jahre 9
Die Stadt außerhalb der Promenade

Ernst Wenzel – Lehrer und Fotograf 29
Fotografischer Streifzug durch die 1940er Jahre

Freizeit im Wandel der Zeit 52
Plümpsen, pölen und ‚nen toften Lenz hegen

Über den Hafen, die Schleuse, den Kanal und ‚Klein Muffi' 77

Die Elektrische, die O-Busse und vieles mehr ... 95

Von der Hausschlachtung zum Schlachthof 114
... und was aus ihm wurde

Schicksale 127
Zur Erinnerung an Reinhold Friedrichs und Josef Schmelter

Geschehnisse aus dem Jahre 1822 136

Berti Bunsmann 146
Der Tod meines Vaters

1897 157
Was Menschen bewegte

Aegidiiviertel 168
Ein historischer Spaziergang

Ausflug in die 60er-70er Jahre – Die Stadt außerhalb der Promenade

Die Wanderung führt unter anderem durchs Kreuzviertel, durch ruhige Wohnstraßen, zeigt einstige Gebäude und erinnert an Vergessenes. Vieles erkennen wir kaum wieder oder mutet uns fremd an.

Das alte Kreuzviertel

Nordstraße 31

Eines der letzten Ackerbürgerhäuser stand an der Nordstraße 31. Es waren einfachste Gebäude ohne Kellerausbau. Auf dem oberen Foto ist das kleine Gemüsegeschäft von Amalia Blanke zu sehen. Nach dem Abriss entstand an dieser Stelle ein Wohn- und Geschäftshaus mit Apotheke und Arztpraxis (siehe folgende Seite).

Viele Einzelhandelsgeschäfte und kleine Handwerksbetriebe gaben den Stadtvierteln ihre Prägung. Das ehemalige Lebensmittelgeschäft (heute roestbar) an der Ecke Nordstraße 2 und das Reformhaus Hagemann an der Kettelerstraße 24 sind Beispiele für den inzwischen vollzogenen Strukturwandel.

*Das neue Wohn- und Geschäftshaus
Nordstr. 31*

Nordstraße 2, heute Roestbar

Kettelerstraße 24

Verkehrssituation

Foto Erwin Schröder

Die Weseler Straße auf Höhe des Abzweiges zur Scharnhorststraße. Die zunehmende Verkehrssituation beherrschte schon damals den öffentlichen Raum. In zentraler Stadtlage dienten große, leergeräumte Trümmergrundstücke als Parkplätze, wie zum Beispiel die Areale der Aegidiikaserne (heute Aegidiimarkt) und der Stubengasse. Auch der Domplatz wurde weitflächig als Parkplatz genutzt.

Das Bild auf der vorherigen Seite zeigt die Hafenstraße in Richtung Ludgeri-platz um 1960. Rechts vor der Tankstelle geht es in Richtung Bahnhof, links in die Friedrich-Ebert-Straße. Links wurde eine Werbesäule der Firma Carl Nolte aufgestellt. Der Betrieb für LKW-Planen, Zelte und Schutzkleidung befand sich in nächster Nähe.

Die Straße ist in einem desolaten Zustand. Der Teerbelag deckt das darun-terliegende Kopfsteinpflaster nur zum Teil ab. – Heute ist die Straße stark befahren.

Diese Fotografie von 1978 zeigt, wie sehr sich das Umfeld rund um den Bahnhof im Vergleich zu heute verändert hat. Parken war problemfrei mög-lich. Das Gebäude mit dem Rex-Kino – später Metropolis – und der Hähn-chenbraterei ‚Wiener Wald' wurde abgerissen und durch ein Hochhaus er-setzt. Auch das Bahnhofsgebäude wurde zwischenzeitlich neu gebaut.

Die Aufnahme auf der folgenden Seite von der ländlich ruhigen Wolbecker Straße mit der Herz-Jesu Kirche entstand um 1960. Inzwischen ist es eine sehr stark befahrene Straße. Die Drogerie Peters im Hause Wolbecker Straße 139 gibt es lange nicht mehr. Heute hat dort die Hubertus-Apotheke ihren Sitz.

Das Geistviertel: Ein ruhiges Wohngebiet, nahe am dominant emporragenden Wasserturm gelegen. Nur vereinzelt parken Autos am Straßenrand. So stellte sich vor 50 Jahren das typische Straßenbild einer Wohnstraße dar.

Südpark mit Josephskirche

Dahlweg Richtung Josephskirche

Im Herzen des Südviertels ist auf dem ehemaligen Gelände der Trainkaserne der Südpark entstanden. Zwischen Dahlweg, Augustastraße, Südstraße, Kronprinzenstraße und Josephskirche gelegen, ist der Park inzwischen für die Anwohner eine Oase der Entspannung und Erholung geworden. – Der Dahlweg vermittelt einen tristen Eindruck. Die fortschreitende Zunahme der Autodichte zeichnet sich an den Straßenrändern ab.

Foto: Stadtwerke Münster

Das Jahr 1968 brachte nach nur zwanzigjährigem Einsatz das Aus für die O-Busse. Der enge Radius, in dem sich die Busse nur bewegen konnten, war ein Grund, dieses Verkehrsmittel abzulösen.

Zuvor prägten Straßenbahnen über 50 Jahre Münsters Stadtbild. Heute sähe eine

Autowäsche – Foto: Wilfried Schroeder

solche Entscheidung wegen des gestiegenen Anspruchs auf Umweltfreundlichkeit und einer größer gewordenen Stadt sicherlich anders aus.

Auch dies gehörte zum Alltag: die Autowäsche am Samstagvormittag vor der Haustür. Ein Eimer Wasser, ein Ledertuch, Flüssigwachs und Watte waren die benötigten Utensilien. Nach einer Urlaubsfahrt oder einem Ausflug gehörte zusätzlich der Insektenentferner für Windschutzscheibe und Scheinwerfer zum unbedingten Muss. An die verursachte Verunreinigung des Bodens wurde nicht gedacht. Ein Problembewusstsein hatte sich noch nicht entwickelt.

Die Aa an der Kanalstraße

Die Aa an der Kanalstraße um 1975 – Blick von der Brücke 'Zentrum Nord' zur Stadtmitte

Gravierend hat sich das einst ruhige Landschaftsbild gewandelt. 1978: Parallel zur Kanalstraße fließt schnurgerade die Aa. Die links gelegenen Schrebergärten sind bereits für ein neues Gewerbegebiet abgeräumt worden. Der kurz zuvor erbaute Gebäudekomplex der Landesversicherungsanstalt (heute Deutsche Rentenversicherung) liegt im Hintergrund. Heute ist der Flusslauf renaturiert. Auf der linken Seite der Aa sind mittlerweile das Zentrum Nord, eine Bahnstation, das Finanzamt, ein Rechenzentrum, die Ärztekammer, ein Bildungsinstitut und andere Einrichtungen entstanden.

Abbrüche

Längst Geschichte ist die Westfalia-Brauerei an der Geiststraße. 1968 erfolgte die Sprengung. Die Landeszentralbank (später Bundesbank) errichtet auf
dem Gelände ein großes Verwaltungsgebäude. Nunmehr wird das Gebäude
von der Universität genutzt.

Diese umseitige Aufnahme entstand im Juli 1970 und zeigt die Artilleriekaserne an der Grevener Straße vor ihrem Abbruch. Inzwischen befindet sich an dieser Stelle ein Einkaufszentrum. Auch dort, wo sich heute die Feuerwache 1 befindet, gab es eine militärische Einrichtung: das Korps-Bekleidungsamt. Wenige Meter daneben lag das alte Betriebsgelände der Germania-Brauerei.

Die Villa Zimmermann – benannt nach der Unternehmerfamilie – stand in Kinderhaus an der Ecke Grevener Straße-Am Burloh. Nach nur 68 Jahren wurde das 1903 erbaute herrschaftliche Gebäude 1971 abgerissen. Das Foto zeigt die Villa vor ihrem Abriss. Heute ist an dieser Stelle ein Wäldchen.

Am alten Zoo: das neue Bankgebäude

Der alte Zoo von 1875 wurde Anfang der 1970er Jahre von der Himmel-reichallee in den südlichen Bereich des neuen Aasees umgesiedelt. Dort, wo einst Kamele, Löwen, Füchse, Meerschweinchen und andere Tiere ihr Zuhause hatten, entstand ein imposantes Bankgebäude und zwar nach den Plänen des münsterschen Architekten Harald Deilmann.

Ein Abbruch der besonderen Art

2.9.1972 – Das Gehöft Alichmann mit Nebengebäuden im Bereich Siemens-straße-Geister Landweg wird abgerissen. Man entscheidet sich für den ‚war-men Abbruch'. Ein gegebener Anlass für die OSMO-Werkfeuerwehr, das Niederbrennen des Gebäudes praxisnah vor Ort zu üben. Es kommt zu einer immensen Rauchentwicklung, die damals als nicht problematisch angesehen wurde. Stehengebliebene Giebel wurden von den Feuerwehrleuten fachge-recht zum Einsturz gebracht.

Am Güterbahnhof

Foto Erwin Schröder

Tristesse herrscht am Alfred-Krupp-Weg, der parallel zur Friedrich-Ebert-Straße verläuft und an der Umgehungsstraße endet. Eine graue Betonmauer trennt die Straße vom Güterbahnhof. Links lag die zerstörte Maschinenfabrik Stille, die Landmaschinen herstellte.

In meiner Kindheit bin ich diesen Weg oft gegangen. Er führte von meinem Elternhaus in der Südstraße über die damals nicht befahrene Umgehungsstraße zum Kanal. Für uns Koten war dies ein wunderbarer Spielplatz. Wir kletterten in den an den Bahngleisen nahegelegenen Ruinen und beobachteten die Kähne, die von dampfgetriebenen Schleppern gezogen wurden.

Eingemeindete Ortsteile

Als wäre die Zeit stehen geblieben – Idylle in Gelmer

Der 1.1.1975 ist ein wichtiges Datum für Münster. Etliche Umlandgemeinden kamen durch die kommunale Neugliederung zu Münster, wie zum Beispiel Hiltrup, Roxel, Wolbeck oder Albachten.

Ortskern Amelsbüren

Auch Amelsbüren und Gelmer (siehe Fotos) wurden münstersche Ortsteile. Der damalige dörfliche Charakter hat sich im Laufe der Jahrzehnte nicht erhalten.

Gaststätten

Erinnern Sie sich an die gute, alte Kneipe an der Ecke? Wo man sich mit Freunden und Bekannten auf ein Bier und zum Plausch traf? Diese Kneipen sind nur noch spärlich anzutreffen.

‚Zum Schwan' an der Schillerstraße

Wie sehr sich Münsters gastronomische Landschaft geändert hat, zeigen diese Bilder. Gab es vor 50-60 Jahren noch eine große Zahl der guten, alten Eckkneipen, sucht man heute meist vergeblich nach ihr. Mangels Rentabilität gaben ihre Besitzer auf.

Erinnerungen – Hubert Kavermann über den ‚Schwan'

In den 70ern war der Gastraum die „Wartehalle" für Fahrschulen (wie viele es damals waren weiß ich nicht). Hierhin wurden die Führerscheinanwärter eingeladen und jeweils zu zweit dann in den VW gepackt zur Prüfungsfahrt. Manchmal wusste man erst gegen Mittag, ob man den grauen Schein bekam oder eben nicht. Durchfallen war so selten nicht.

Ich hatte meine Prüfung dort im Dezember 1972 und war glücklich, gegen

*Mittag mitgeteilt zu bekommen, bestanden zu haben. Mein Mitfahrer hatte
leider weniger Glück, nach fünf Minuten war die Fahrt schon beendet.*

Gaststätte Homann an der Wolbecker Straße

Mauritz-Eck an der Warendorfer Straße

Neue Medien änderten das Verhalten und die Lebensgewohnheiten der Menschen. Parallel zum Kneipensterben schlossen auch viele Kinos für immer.

Stapelskotten

Die Dorbaum-Schänke in Handorf

Roxel mit Gaststätte Kortmann

In meinem Stadtteil Kinderhaus – 16.000 Einwohner – machte in den frühen 2010er Jahren die letzte Kneipe ‚Zum Krug' zu. Ein Stück Lebensqualität ist – wie auch anderswo – verloren gegangen.

Hubert Kavermann über die Roxeler Gaststätte Kortmann:

Die Gaststätte liegt sichtbar neben der Kirche. In den 50-60er und 70er Jahren war es üblich, sich vor dem Gottesdienst einen Schnaps und eine Zigarre zu gönnen. Beides wurde nur zur Hälfte „genossen", das Schnapsglas wurde auf einem Vorsprung oberhalb der Theke abgestellt, die Zigarre im Mauerwerk der Kirche versteckt.

Nach der Messe folgte dann der zweite Teil, jetzt noch in Verbindung mit einem Süppchen und einem Brötchen, denn damals war es üblich, vor dem Besuch des Gottesdienstes und der Kommunion nichts zu essen. Der Schnaps wurde mit einer Pumpe aus dem Keller nach oben in die Gläser gefüllt.

Diese Praxis wurde bis etwa 1990 genutzt. Das Schnäpschen kostete damals 10 Pfennige, das Süppchen 50 Pfennige.

Neues entsteht

In den 1960er Jahren erlebt Münster einen Bauboom großen Ausmaßes. Neben dem noch nicht abgeschlossenen Wiederaufbau der kriegszerstörten Gebäude entstehen neue Stadtteile auf grüner Wiese. Zu erwähnen sind unter anderem Coerde, Kinderhaus, Berg Fidel, Aaseestadt und Gievenbeck.

Die ‚Schleife' in Kinderhaus entsteht –
Foto Willi Zumbrock

Kinderhaus war mit etwa 4.000 Einwohnern (1965) ein kleiner Stadtteil Münsters. Das damalige Konzept sah ein- und bis zu zehngeschossige Mehrfamilienhäuser, Kindergärten, Schulen, eine Kirche und ein Bürgerzentrum in einem großen Ausmaß vor. Eine vierspurige Straße umgab das Baugebiet wie eine Schleife. Der Begriff ‚Schleife' ist bis heute umgangssprachliches Synonym für den Baukomplex.

Zwischenzeitlich wurde die Straße zurückgebaut. Der damaligen euphorischen Zukunftsstimmung ist Ernüchterung gewichen.

Blick von einem der drei gelben Hochhäuser am Aasee –
Foto Willi Zumbrock

1959 entstanden nahe der Torminbrücke drei Hochhäuser des Architekten Karl-Friedrich Sommer. Das obige Bild wurde von einem der drei Hochhäuser aufgenommen und zeigt das neue Baugebiet der Aaseestadt. In der Bildmitte sind am Horizont die Flutlichtmasten des Preußen-Stadions zu erkennen.

Auch hier werden, wie in Kinderhaus, Ein- und Mehrfamilienhäuser nebst weiteren Einrichtungen gebaut. Allerdings wird im Gegensatz zu Kinderhaus nicht so hoch hinaus und weniger eng gebaut.

Der neue Aaseemarkt – Foto Erwin Schröder

Auch der Aegidiimarkt im Herzen der Stadt wird gebaut. Zuvor stand auf dem Grundstück die Aegidiikaserne. Nach deren weitgehender Zerstörung wurde das Areal als Parkplatz genutzt.

Der Aegidii-Markt entsteht –
Foto Erwin Schröder

Zu guter Letzt: Skurriles

Foto Erwin Schröder

Dieser triste Hinterhof an der Gefängnismauer fotografierte Erwin Schröder auf seiner Fotopirsch in den 1970er Jahren. Ob der kleine Anbau eine Außentoilette, ein Kleintierstall oder ein Geräteschuppen war, wird sich heute nicht mehr feststellen lassen. Auf jeden Fall war das Gebäude bestens geeignet, den möglichen Ausbruch eines Inhaftierten zu erleichtern.

Abbildung, soweit nicht anders angegeben: Sammlung Stoffers (Münsterländische Bank Thie – Stadtarchiv)

Ernst Wenzel – Lehrer und Fotograf

Fotografischer Streifzug durch die 1940er Jahre

Ernst Wenzel hat ein großartiges fotografisches Erbe hinterlassen. Seine Bilder spiegeln die 1940er Jahre wider. Viele seiner friedlichen, idyllischen Aufnahmen lassen nicht erahnen, dass ein zerstörerischer Krieg tobt. Erst zum Kriegsende dokumentiert er die immensen Zerstörungen der Stadt Münster. Von den mehr als 1000 Bildern wird an dieser Stelle eine kleine Auswahl in fünf Abschnitten gezeigt.

Ernst Wenzel auf der Werse

Ernst Wenzel wurde am 29.9.1890 geboren. Er diente als Soldat im 1. Weltkrieg. In den Kriegsjahren fotografierte er an der Front seine gefallenen Kameraden zusammen mit deren Erkennungsmarke. Diese Bilder sollten die Identifizierung bei Nachforschungen durch die Angehörigen erleichtern – Die Negative gingen an das Bundesarchiv in Koblenz.

Lange Jahre lebte er in seiner Wohnung am Hansaring 32 und war Lehrer an der Geistschule. Nach dem Kriegsende arbeitete Ernst Wenzel bis etwa 1960 als Rektor und Lehrer an der Mecklenbecker Volksschule. Er wohnte in Kinderhaus und verstarb dort 1974.

Erläuterung

Alle hier gezeigten Abzüge der 36 mm Negative stammen aus den Jahren 1940 (vielleicht auch etwas früher) bis Sommer 1945. Die Fotos wurden zum Teil nachbearbeitet.

Leider sind die Negative nicht beschriftet, sodass die Örtlichkeiten oft nicht lokalisiert werden können. Ins Weserbergland und in das Rhein-, Main- und Neckargebiet dürften die Fahrten der Schülergruppen gegangen sein.

Geselligkeit

Ausgelassenes Treiben zur Sonnenwendfeier

Die Fotografien zeigen das Alltagsleben der 1940er Jahre ohne den Ansatz einer Effekthascherei. Es sind oft spontane Schnappschüsse, so wie sich die Motive dem Fotografen zeigten. Ernst Wenzel fotografierte Menschen in seiner Nähe, die Natur und Landschaft.

Kleine Tafelmusik an verlassenem Kaffeetisch

Kinderkarneval

Gesellige Straßenreinigung

*Ernst Wenzel (links)
mit Freunden*

An der Kanalbrücke bei Hiltrup – Lehrerausflug nach Herbern

Lehrerausflug – Kaffeepause

Landleben

Ernst Wenzel hatte seine Kamera griffbereit dabei und er fotografierte, sobald er ein interessantes Motiv sah. Viele seiner Bilder zeigen das einfache Leben auf dem Lande. Die Technisierung steckte noch in ihren Anfängen. Es war üblich, dass Ochsen vor den Pflug gespannt wurden, oder Pferde bei der Feldarbeit zum Einsatz kamen. Überhaupt gehörte die ‚tierische' Arbeitskraft traditionell zum bäuerlichen Leben.

Bauernhof mit blühendem Kastanienbaum zwischen Münster und Herbern

Getreideernte

Schäfer mit Herde

Pflügen mit Ochsen

Zwei Mädchen führen zwei Kühe auf die Weide

Apfelernte

Tristesse

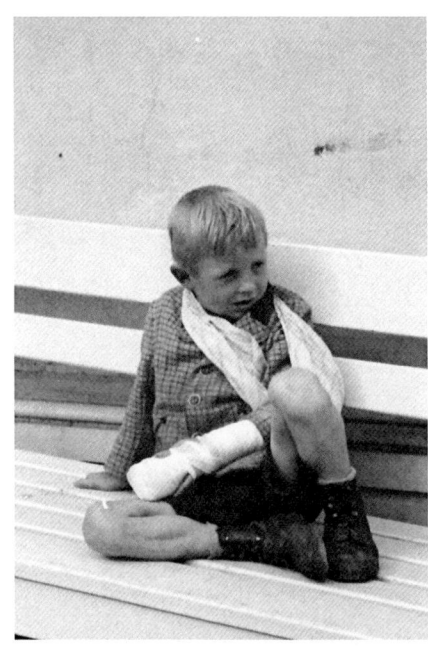

Bauernjunge

Die Schubkarre wird geschoben und gezogen

Mit der Hitlerjugend im Ferienlager

Waren es Schüler aus der Geistschule, die mit ihrem Lehrer Ernst Wenzel ins Ferienlager gingen? Es ist naheliegend. Ernst Wenzel begleitete die Jungen auf ihren Fahrten. Sie gingen unter anderem den Rhein hinauf bis Koblenz und auf einer anderen Tour vermutlich ins Weserbergland. Letzteres ist nicht eindeutig belegbar.

Die Jungen sind etwa 8 bis 10 Jahre alt und werden von 3 bis 4 Jahre älteren Jugendlichen geführt. Mit dabei sind eine Rotkreuzschwester und Ernst Wenzel.

Das Erleben der Kameradschaft, der Zugehörigkeit zu einer Gemeinschaft und die als schick empfundene Uniform übten einen großen Reiz auf die Jugendlichen aus. Es wurde militärisch in Reih und Glied mit Fahnenappell angetreten, im Gleichschritt marschiert, gesungen, Kartoffelkäfer gesammelt, die Freizeit verbracht und gemeinsam gegessen. Welcher Jugendliche konnte sich diesen Gemeinsamkeiten schon entziehen?

Neben der ideologischen Indoktrination fand eine vormilitärische Ausbildung statt. Die Organisationen Hitlerjugend und der Bund Deutscher Mädel waren Instrumente der Nazis zur frühen Bindung junger Menschen an ihr System.

Die Kirche und viele Familien standen der Hitlerjugend kritisch gegenüber. So ist es nicht verwunderlich, dass bei vielen Elternhäusern Münsters und des Münsterlandes Skepsis und Ablehnung herrschte.

Ankunft an einem Bahnhof

Am Rhein bei Wesel

Gruppenbild

Marschieren durchs Dorf

Einsatz zur Suche von Kartoffelkäfern auf dem Felde

Gemeinsame Mahlzeit

Schießen mit einem Luft-/Kleinkalibergewehr auf eine Pusteblume

Jungen mit gebastelten Segelflugmodellen

An der Werse

Vor mehr als 70 Jahren war die Gegend rund um die Werse still, ländlich und wenig bebaut. Vereinzelt säumten einfach ausgestattete Bootshäuser die Ufer.

Damals herrschte an der Werse eine geruhsame, recht einsame Idylle. Man angelte, trank ein Glas Wein und genoss die Ruhe und Stille. Es sind Bilder des Friedens und der Harmonie, während vor der Tür der Krieg tobte.

In der Nähe waren die Kaffeewirtschaften, wie beispielsweise Vennemann und Hof zur Linde. An den Wochenenden pilgerten die Münsteraner mit Kind und Kegel nach Handorf. Den selbstgebackenen Kuchen hatte man bereits oft mitgebracht.

Anglerglück

Bötchenfahrt auf der Werse

Angleridylle

Romantische Werse

Die Dyckburg bei Handorf

Westerholtsche Wiese, links das alte Stadtbad

Blick aus Wenzels Wohnung auf das Hafengebiet mit Rundfunk-Sendeturm

Münster Sommer 1945

Die albtraumhaften Zerstörungen hat Ernst Wenzel im Sommer 1945 eindrucksvoll dokumentiert. Unter anderem zeigen Fotos das Kanalbett und das Hafenbecken ohne Wasser. Zur Bergung von Bombenblindgängern und der Reparatur der Uferbefestigungen war das Wasser bis 1946 abgelassen worden.

Die Antoniuskirche mit Stahlskelett der Kuppel – im Volksmund ‚Spinne‘ genannt.

Dom

Blick auf die Überwasserkirche

Ludgerikirche mit Hettlage (Behelfsbau) auf der Ludgeristraße

Elisabethkirche

An der Lingener Meppener Straße

Ein Schlusswort

Nur auf wenigen Bildern ist Ernst Wenzel zu sehen. Er vermittelt einen ernsten, zurückgezogenen und gesammelten Eindruck. Das traumatische Erleben als Soldat im 1. Weltkrieg hat seine Spuren hinterlassen. Ein ehemaliger Schüler (90 Jahre alt) der Geistschule bestätigte diesen Eindruck und bezeichnete ihn als einen stillen, bescheidenen und zurückhaltenden Menschen.

Mit seinen Fotografien hat Ernst Wenzel einen bedeutenden zeitgeschichtlichen Beitrag hinterlassen.

Fotos Sammlung Stoffers (Münsterländische Bank – Stadtarchiv)

Freizeit im Wandel der Zeit

Plümpsen, pölen und ,nen toften Lenz hegen

Freizeit ist bis in die 1960er Jahre hinein ein knappes Gut. Zu Beginn des 20. Jahrhunderts ist ein verbriefter Anspruch auf Urlaub noch unbekannt. Erstmals werden 1903 für die Brauereiarbeiter 3 Tage Jahresurlaub vereinbart. Gearbeitet wird von Montag bis Samstag. 60 Stunden und mehr sind normal. Dies hat sich in der Zwischenzeit grundlegend geändert.

Fernsehen, Radio, Kino und Mobiltelefon haben noch nicht Einzug gehalten. Autos und Telefone sind um 1900 noch eine Rarität. Die unzähligen Fahrräder, die heute das Stadtbild prägen, sind auf alten Fotos nur vereinzelt zu sehen.

Elfköpfige Familie aus der Buddenstraße

Der häufigste Beruf einer Frau ist der einer Hausfrau oder eines Dienstmädchens – die Arbeitswelt ist männlich geprägt. Familien mit fünf und mehr Kindern sind eher die Regel als die Ausnahme.

Was machten die Menschen vor mehr als 100 Jahren in ihrer Freizeit?

Es gab in jener Zeit erstaunlich viele Vereine unterschiedlichster Art und natürlich eine Großzahl an Gaststätten, Restaurants sowie Ausflugslokalen am Rande der Stadt. Aber knapp ist das Geld für freizeitliche Vergnügungen.

Sonntägliches Kaffeetrinken an der Werse – Boniburg

Für ein Feierabend-Bier findet die Bürgerschaft in fast jeder Straße eine Schenkwirtschaft, oft sind es auch gleich mehrere. Statistisch kommt Ende des 19. Jahrhunderts auf etwa 150 Münsteraner (vom Säugling bis zum Greis) jeweils eine Schenkwirtschaft. Nach heutigen Verhältnissen ist dies eine enorme Kneipendichte.

Die Studenten haben ihre Verbindungshäuser, und die vornehme Gesellschaft verkehrt in traditionellen Klubs, zum Beispiel dem Civilclub von 1775 oder dem Zwei-Löwen-Klub von 1796. Die adeligen Kreise haben ebenfalls ihre gesellschaftlichen Einrichtungen.

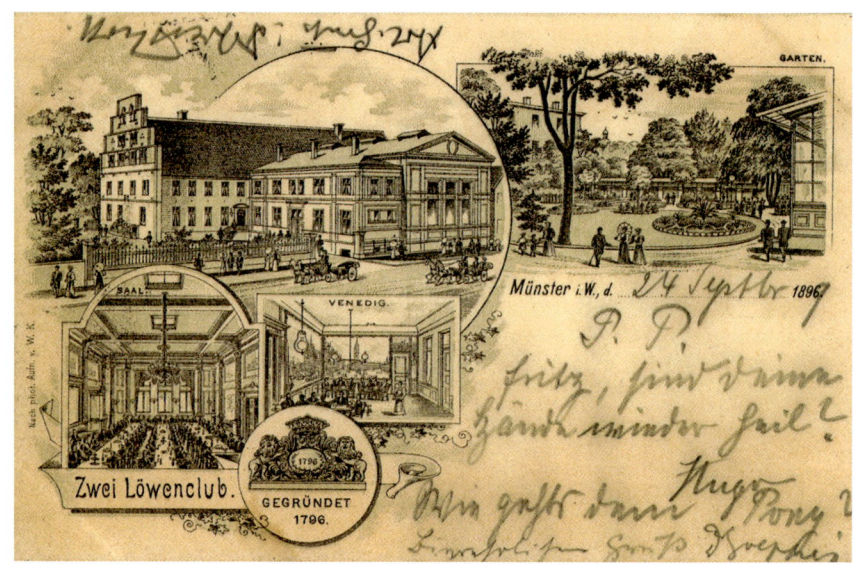

Zwei-Löwen-Club

Weniger Arbeit – mehr Freizeit

Die Zeiten ändern sich. Die elektrische Beleuchtung, die Wasser- und Abwasserleitungen kommen in die Häuser. Telefon, Kinos, Autos, Radio und Fernsehen halten im Laufe der Jahrzehnte Einzug. Die 5-Tage Woche wird eingeführt, und die wöchentliche Arbeitszeit reduziert sich immer weiter. Ein vier- bis sechswöchiger Jahresurlaub wird die Regel.

All dies hat Auswirkungen: das Freizeitverhalten der Menschen ändert sich. Es geht mehr hin zu Geselligkeit, kulturellem Erleben und sportlicher Betätigung. Das Reisen wird breiten Bevölkerungsschichten möglich und selbstverständlich – Es prägt sich der Begriff von der ‚Freizeitgesellschaft'.

Rudern, Wandern, Badeanstalten

Ruderverein von 1882 – Bootshaus am Kanal, erbaut 1923-1924

Bereits Mitte des 19. Jahrhunderts gründen sich die ersten Sportvereine, zum Beispiel die Turngemeinde von 1862, der Ruderverein von 1882 und die Fußballvereine (u.a. Preußen Münster und SC Münster 08), die heute noch existieren. Und auch die erste Badeanstalt entsteht im Jahre 1832. Gebadet wird aber bereits schon davor. Die Behörden haben jedoch immer ein strenges Auge darauf, um die Unsittlichkeit des Nacktbadens zu unterbinden.

Stadtbad am Aasee (Torminbrücke) 30er Jahre

Städtische Badeanstalten Münster i. W.

Anruf Nr. 2013 **Stadtbad I am Zoo** Anruf Nr. 2013

Badezeiten vom 15. Mai bis 15. September

a) bedecktes Schwimmbad
Montags, Mittwochs, Freitags
8—2 Herren, 2—8½ Damen
Dienstags, Donnerstags
8—2 Damen, 2—8½ Herren
Samstags
8—8 Herren

b) offenes Schwimmbad
Montags, Mittwochs, Freitags
8—2 Damen, 2—8½ Herren
Dienstags, Donnerstags
8—2 Herren, 2—8½ Damen
Samstags
8—2 Damen, 2—8 Herren

Badezeiten vom 15. September bis 15. Mai

Schwimmbad (täglich frische Füllung)

Montags	von 8—1 Herren,	3—7 Damen
Dienstags	„ 8—1 Damen,	3—7 Herren
Mittwochs	„ 8—1 Herren,	3—8½ Damen
Donnerstags	„ 8—1 Damen,	3—8½ Herren
Freitags	„ 8—1 Herren,.	3—8½ Damen
Samstags	„ 8-12 Damen,	12—8 Herren

Wannenbäder

werden während der ganzen Badezeit sowohl an Damen wie an Herren verabfolgt:
Vormittags von 8—1 und 3—8 nachmittags, Samstags von 8—8 durchgehend.
Es werden verabfolgt Wannenbäder, Schwefel-, Fichtennadel-, Sol-, künst-
liche Schlamm-, Sauerstoff- und Kohlensäure-Bäder.

Dampf- und römisch-irische Bäder

Montags vormittags geschlossen, nachmittags 3—8 Damen
Dienstags, Mittwochs, Donnerstags, 9—1 und 3—8 Herren
Freitags 9—1 Damen, nachmittags 3—8 Herren
Samstags 9—8 durchgehend für Herren

Anruf 1501 **Stadtbad II, Wolbeckerstr. 79** Anruf 1501

Brause- und Wannenbäder werden die ganze Woche (außer Montags vorm.)
verabfolgt von 8½—12½ und 2½—8 Uhr.

An Sonn- und Feiertagen sind die Anstalten geschlossen.

Aenderungen vorbehalten.

1891 ist es soweit – die Schwimmvereinigung Münster wird gegründet, zwei Jahre später folgt die Einweihung des Werseschwimmbades … aber nur für Männer. Die Damenabteilung kommt erst 1920 hinzu. Das Familienbad – also gemeinsames Baden für Männer, Frauen und Kinder – ist gar nicht selbstverständlich. Man sorgt sich um die Sittlichkeit, die Schaden nehmen könne. Trotz einiger Proteste wird das gemeinsame Baden zugelassen.

Es gibt auch Baderegelungen, in denen das Waschen und Abduschen vor Betreten der Schwimmhalle vorgeschrieben ist. Oft sind nämlich die häuslichen sanitären Einrichtungen ungenügend, so dass zur Körperreinigung gern die öffentliche Badeanstalt aufgesucht wird.

Wersebad an der Wolbecker Straße 1941

Es bilden sich Wandervereine, die hauptsächlich die nähere Umgebung erwandern, aber auch fernere Ziele erkunden. Bei dem Verein ‚Überall ist Geselligkeit' läuft es wie folgt ab: Einmal im Jahr – während der großen Ferien – findet eine einwöchige Wanderung statt. Mit Proviant im Rucksack geht es mit dem D-Zug ins Sauerland oder in ein anderes, vorher sorgfältig ausgesuchtes Gebiet. Über jede Wanderung wird von wechselnden Protokollanten akribisch Buch geführt: wo man übernachtet, wie das Frühstück schmeckt, was die Fahrkarte kostet, wie die Wanderroute ist und welche Ereignisse zu verzeichnen sind. Es fehlen nicht einmal die Abfahrt- und Ankunftszeiten der Züge.

Wanderung nach Kinderhaus 1914 – Im Hintergrund die Kinderhauser Kirche

Wanderung zum Burgturm in Davensberg

Gesangs-, Schützen-, Krieger- und Karnevalsvereine

Heute kann man sich kaum die große Zahl der Gesangsvereine vorstellen, die sich in unserer Stadt mit damals weniger als 100.000 Einwohnern gegründet hatten. Als der Kaiser 1907 Münster besucht, ergehen an die Bevölkerung Appelle, sich über ihre Vereine (Schützen-, Krieger-, Turn-, Gesangs- und Wohltätigkeitsvereine, studentische Verbindungen, Handwerkerschaft etc.) an dem Ereignis zu beteiligen.

Allein für die Proben zur ‚Kaiser-Serenade‘ sind alle 50 Gesangsvereine dabei. Geprobt wird in fünf Gruppen. Für das ‚Kaisersingen‘ ist extra eine Kommission gegründet worden, die generalstabsmäßig bis ins Kleinste plant. Gleiches geschieht für die Turnvereine unter der Leitung des Turnlehrers Becker von der Universität Münster.

Die vielen Vereine nehmen in den Adressbüchern etliche Seiten ein.

Es sind Schützen-, Wohltätigkeits-, Krieger-, und Karnevalsvereine. Daneben gibt es Vereinigungen der Kaufleute, der Stenografen, der Anwälte usw. Sogar der Verein ‚Internationaler Frühschoppen Münster' ist im Einwohnerbuch von 1899 zu finden. Vereinszweck ist die Gesellig- und Wohltätigkeit.

Turn-Abteilung Kath. Gesellen-Verein Münster

Rund ums Bier

1895 versuchen die Behörden, die ‚Polizeistunde' strikt durchzusetzen. Der Bierausschank ist traditionell bis tief in die Nacht möglich. Erst wenn der letzte Gast gegangen ist, werden die Türen geschlossen.

Die Verordnung sieht vor, dass alle Gaststätten um 23 Uhr schließen. Ziel ist es, den Alkoholkonsum einzudämmen. Die Gaststätten werden zudem als Ort der sittlichen Verrohung und der sozialistischen Bewegung verdächtigt. Dem solle mit der Verordnung entgegengewirkt werden.

Zeitgenössische Postkarte anlässlich des Bierkrieges

Damit ist die Bevölkerung gar nicht einverstanden. Man sieht darin eine Be-
schneidung der persönlichen Freiheit. Nach erheblichen Protesten wird von
der ursprünglichen Regelung Abstand genommen.

Dieses Geschehnis geht als ‚Bierkrieg' in die Geschichte ein.

Abstinenz-Vereine.

„Deutscher Alkoholgegnerbund, Ortsverein
Münster. Interkonfessioneller Verein zur Be-
kämpfung des Alkoholgenusses und der Trink-
sitten. VL.: Tibusstr. 14. T.: Mittwoch jeder
Woche, abends 9 Uhr. Vors.: Aug. Hundehege,
Melchersstr. 54.

Evangelischer Blaukreuzverein Münster (Verein für Trinkerrettung und »Bewahrung) —
Vorsitzender: Konsistorialrat und Pfarrer Cule-
mann — hat seine regelmäßigen sonntäglichen
Versammlungen in seinem Vereinslokale auf
dem Horsteberg, im Gemeindehause, und zwar
im Winterhalbjahr um 8 Uhr, im Sommer um
8½ Uhr abends. Zur Beratung in Sachen der
Trinkerrettung und -Fürsorge ist der Sekretär
des Vereins, Paul Schimmelbusch, Augustastraße 25, vom 1. 4. ab Nr. 11, auf mündliches
oder schriftliches Ersuchen gern bereit.

Internationaler Guttemplerorden (J. O. G.
T.) will unser Volk von den Schäden des Alkoholgenusses befreien und verlangt deswegen
von seinen Mitgliedern völlige Enthaltsamkeit
von allen alkoholartigen Getränken. Loge:
„Westfalentreue 1006". Auskunft und Zu-
schriften: Frau J. Buht, Herwarthstr. 20.

Kreuzbündnis, Verein abstinenter Katholiken.
1. Ortsgruppe Münster i. W. VL.: Reform-
Restaur., Tibusstr. 14. V.: M. Greff, Landes-
sekretär, Zumbrockstraße 6. — 2. Ortsgruppe
Münster i. W.-Ost. VL.: Ewaldihof, Wolbecker-
straße 112. V.: Eduard Hoffmann, Eisenbahn-
Obersekretär, Margarethenstr. 14.

Verein abstinenter Frauen. V.: Frau In-
spektor Rademacher, Lazarettstraße 13. Zu.: an
die Vors.

Verein gegen den Mißbrauch geistiger Ge-
tränke. Bezirksverein Münster. V.: v. Gescher,
Regierungspräsident. Schriftführer: Engelking,
Rektor, Stolbergstr. 5. Der Verein hat eine
Speise- und Kaffeewirtschaft Hafenstr. 75 er-
öffnet.

Neben einer Vielzahl von Gaststätten werden 1911 im münsterschen Einwohnerbuch immerhin sieben Abstinenzler-Vereine bei weniger als 100.000 Einwohnern vermerkt – Heute ist es für uns erstaunlich, dass die damals gängigen Trinkgefäße ‚Bullenkopp' und ‚Bännetzken' sechs bzw. drei Liter Bier aufnahmen.

Dass solche überdimensionierten Bierkrüge den Alkoholkonsum förderten, dürfte naheliegend sein. Überhaupt spielten Schnaps, Bier und Wein im Alltag eine nicht unbedeutende Rolle und so sind die relativ vielen Abstinenzler-Vereine für Alkoholkranke wenig verwunderlich.

Ein kurzer Blick auf die Jugendverbände

Mitte des 19. Jahrhunderts bilden sich die ersten Verbände der Jugendbewegung. Im konservativ-katholisch geprägten Münster sind es hauptsächlich der Kirche nahestehende Jugendvereinigungen.

Das Einwohnerbuch von 1911 verrät eine große Vielzahl von Jugendvereinen, die zu den jeweiligen Pfarreien gehören.

Mit der Machtübernahme der Nazis tritt die Hitlerjugend (HJ) und der Bund Deutscher Mädel (BDM) in den Vordergrund. Das nachstehende Bild zeigt Schüler (wahrscheinlich der Geistschule) bei einem Fahnenappell während einer Freizeit, vermutlich im Weserbergland, mit ihrem Lehrer Ernst Wenzel.

Neben Ernst Wenzel nimmt eine Rotkreuz-Schwester am Appell teil. Der Großteil der Jungen trägt noch nicht die HJ-Kluft.

Freizeit nach dem 2. Weltkrieg

Kino

Münster hat bereits seit vielen Jahrzehnten ein Theater, als 1906 das erste Kino in der Ludgeristraße eröffnet wird, dem schnell weitere folgen. Das Theater und die Kinos werden im Krieg zerstört.

Das neue Theater und die wiederaufgebauten Kinos finden in der Nachkriegszeit ein großes Publikumsinteresse. Ausverkaufte Vorstellungen sind die Regel. Die Menschen sehnen sich nach Kultur und Entspannung. Es ist auch eine Flucht vor dem tristen Alltag, dem man für ein paar Stunden entkommen will. Das Filmprogramm trägt dem Rechnung, und viele Heimatfilme, Herz-Schmerz- und Billigproduktionen kommen auf die Leinwand. Und die Kinos werben mit dem Slogan: ‚Mach' Dir ein paar schöne Stunden, geh' ins Kino.'

Preußen Münster

Preußen Münster spielt in der Oberliga und wird 1951 Vizemeister. Sogar der kurzzeitige Aufstieg in die neugeschaffene Bundesliga gelingt. Der Publikumsandrang ist enorm. Die Polizei muss den Verkehr auf der Hammer Straße mit etlichen Beamten besonders regeln.

SC Preußen Münster von 1906

Dem Fußballverein ist auch ein Schützenverein der ‚alten Herren' angeschlossen. Bereits einige Jahre nach Kriegsende wird wieder ein Schützenfest gefeiert, und zwar in dem Ausflugslokal Güthmann an der Steinfurter Straße (nahe Wilkinghege). Die untenstehende Aufnahme zeigt den Schützenverein im Biergarten.

Schützenkönig Bernhard Zander (Gastwirt Großer Kiepenkerl) –
Preußen Münster 1952

6-Tagerennen und Catchveranstaltungen

Beim 6-Tagerennen

Ein richtiger Renner ist das 6-Tagerennen in der Halle Münsterland. Hier kann genüsslich und entspannt bei Musik und Germania Edel-Pils den schweißtreibenden Anstrengungen der Radsportler zugeschaut werden.

Nicht viel anders sind die Vorführungen, wenn die Catcher in die Halle Münsterland kommen. Zum Gaudi der Zuschauer fügen sie sich gegenseitig vermeintliche Grausamkeiten zu. Es sind gutgemachte Inszenierungen, ganz nach dem Publikumsgeschmack, wenn letztendlich der Gute gegen den Schurken siegt.

Die ersten Diskos

Steffi Stephan und Udo Lindenberg 1963 – Foto Steffi Stephan

Die frühen 60er Jahren sind in Münster – wie überall – bieder, steif und konservativ. Die neuere Musik wird von den Älteren als ‚Hottentottenmusik‘ abgetan. Aber den ersten Lichtstreif am Horizont für Veränderungen gibt es in Münster bereits: die Cavete. Die ersten Diskos öffnen in den frühen 1960er Jahren im kleinen Rahmen. Es ist eine neue Musikkultur, die von Älteren noch misstrauisch beäugt wird. Die jungen Udo Lindenberg und Steffi Stephan treten auf, es gibt Livemusik im Neuen Krug, dem Jovel, der Oase, im Insel und anderswo.

Buttercremejahre

Mit dem wirtschaftlichen Aufschwung nach dem Krieg beginnen die ‚Buttercremejahre'. Viele Menschen legen nach den Jahren des Mangels und des unfreiwilligen Verzichts an Gewicht zu. Kalorienreiche Gerichte und Speisen wie Eisbein und Buttercremetorten stehen hoch im Kurs. Sehr beliebt sind in diesen Jahren auch der ‚Toast Hawaii' und der ‚Mettigel', der neckisch mit Salzstangen bespickt wird.

Wie in der Vorkriegszeit geht es hinaus zu den Kaffeewirtschaften. Vennemann, Hugerlands Hof, Maikotten, Pröbsting und wie sie alle heißen. Man wandert mit Kind und Kegel sonntags nach Handorf oder zu anderen Ausflugszielen, und lässt es sich gut gehen. Bötchenfahren auf der Werse gehört ebenfalls dazu.

Tanzen

Tanzen ist besonders angesagt und beliebt. Kann doch auf diesem Wege der eine oder andere Kontakt geknüpft werden. Eugen Wichtrup, Charly Zimmermann, Stefan Bernàd, Dr. Oberbach, Werner Estinghausen und andere sind die Tanzlehrer der münsterschen Tanzschulen. Neben den gut besuchten Tanzkursen sind die Tanztees an den Wochenenden die absoluten Renner. Ungezählt sind die vielen Freundschaften und Partnerschaften, die hier ihren Ursprung nehmen.

Tanzschule Dr. Oberbach

Meine Erinnerungen

Schwimmen im Steiner See

Mitte der 1950er Jahre ist der Steiner See bei Hiltrup meine erste Badeadresse. Früher wurde hier Sand und Kies gebaggert, bis das Loch sich mit Wasser füllte. Daraus ist ein Freibad mit einem herrlichen Sandstrand entstanden. Von der Südstraße 100 geht es mit meinem Stricker-Fahrrad dorthin.

Hier lerne ich das Schwimmen – ohne Anleitung – und lege voller Stolz die Prüfungen als Frei- und Fahrtenschwimmer ab. Eine der Mutproben ist der Sprung vom Dreimeterturm, aber nicht mit dem Kopf voran. Ich mache die sogenannte ‚Kerze' und zwar kerzengerade mit den Füßen zuerst ins Wasser.

Der Strand am Steiner See

Der Sprung vom Dreimeterturm

Versuche – Mobiles Radio 1955

Was macht ein Elfjähriger in seiner Freizeit, wenn er nicht zum Steiner See fährt oder seine Zeit mal nicht im Fähnlein des ND (Bund Neudeutschland) verbringt? Von meinem vergeblichen Versuch, Schwarzpulver herzustellen und anderen Aktivitäten, habe ich bereits an anderer Stelle berichtet, aber noch nicht von meinen elektrotechnischen Basteleien.

Ich hatte davon gelesen, wie ein Radio gebastelt werden kann, und zwar mit einer Germanium-Diode, einem Kopfhörer, aber ohne Batterie. Beim Radio-Händler Müller in der Windthorststraße fand ich für 2-3 Mark die erforderlichen Materialien, nämlich die Germanium-Diode und einen Ohrstöpsel. Letzterer war ein ausrangiertes Teil eines primitiven Hörgerätes aus der Vorkriegszeit.

Grafik Wilfried ‚Schrolli' Schroeder

Die beiden Kabelenden des Ohrstöpsels verband ich mit der Diode, steckte den kleinen Lautsprecher ins Ohr und suchte mit einem Nadel-Pieks auf das

Halbleiterplättchen einen Sender. Siehe da, ein Rundfunksender war klar und deutlich, aber auch ab und zu verrauscht, zu hören.

Damit gab ich mich nicht zufrieden:

Wenn die Diode mit einer Stromquelle verbunden ist, müsse doch sicher mehr Leistung herauszuholen sein. Und auch unterwegs könnte Radio gehört werden, dachte ich!

Also verband ich die Diode mit dem Dynamo meines Fahrrades, steckte den Stöpsel ins Ohr, schaltete den Dynamo ein und fuhr los. Das Ergebnis: kein Radio, nur ohrenbetäubendes Knattern im Hörer.

Es waren die Jahre, in denen die ersten Transistorradios verkauft wurden. Ein leider für mich unerfüllbarer Traum, denn die Geräte waren fürs Taschengeld unerreichbar teuer.

Bei Vennemanns in Handorf

Sehr erinnerlich sind mir die Jahre, als meine Eltern und wir Kinder – letztere eher etwas missmutig – von der Wiener Straße aus zu Fuß nach Handorf wanderten. Meistens gingen wir zuvorderst, die Eltern hintendran, die ab und zu mahnend auf uns einwirkten, gerade zu gehen. Mein Bruder Thomas (rechts) und ich trugen stolz neue Dufflecoats von Hettlage – meine Mutter elegant im grauen Kostüm, geschneidert von Fräulein Dartmann.

Die Ausflugsgaststätte Vennemann war oft das Ziel. Wir saßen dann auf der herrlichen Terrasse direkt an der Werse. Ein Glas Malzbier oder Regina-Brause gab's für uns Kinder. Kuchen bekamen wir seltener, weil er eben teuer war.

Von der einstigen Idylle an der Werse ist leider nichts erhalten geblieben. Nach dem Abriss der Gastwirtschaft Vennemann entstand an dieser Stelle ein Wohngebäude.

Himmelfahrt 1956

Kaffeetrinken bei Vennemann – Garten und Werse um 1960

Die ersten Reisen

Abfahrt zum Sonntagsausflug – Foto Wilfried Schroeder

Endlich ein großer Kleiner

der JANUS von Zündapp, in den man bequem einsteigen kann, ohne „tauchen" zu müssen; seine Türenanordnung verschafft ihm die Bequemlichkeit einer viertürigen Limousine. Und man sitzt so raumbequem, so sicher - Rücken an Rücken, und man sieht alles! Ein wohltuend wirtschaftlicher **Mehrzweck - Kleinwagen** mit enormer Fahrleistung:
Familienauto - Geschäftskombi - Schlafwagen alles in einem JANUS von Zündapp!

Wer einmal
JANUS Probe fährt,
erkennt sogleich
den großen Wert!

Es ist die Zeit, die vielen Menschen das Reisen wieder ermöglicht. Hatte man zunächst ein Fahrrad, dann ein Moped und später vielleicht eine Vespa, bescherte das Auto große Mobilität. Ferien auf einer Nordseeinsel, eine Autoreise nach Südtirol oder gar ein Flug nach Mallorca werden immer mehr zur beliebten Selbstverständlichkeit.

Meine Eltern besaßen nie ein Fahrrad, geschweige denn ein Auto. Mein Vater reiste bei seiner beruflichen Tätigkeit innerhalb Westfalens mit der Bahn. Ansonsten wurde der Bus genommen.

Der Stolz einer jeden Familie: Das erste Auto

Noch im hohen Alter von mehr als 95 Jahren benutzte meine Mutter für ihre täglichen Fahrten ins Zentrum der Stadt den Bus, um bei Horten ihren Kaffee zu trinken.

Mit meinem ersten Auto – einem gebrauchten Fiat 600 – fuhr ich mit den Eltern nach Sterzing/Meran in die Ferien. Die Enge des Autos war nicht wichtig, vielmehr das Erlebnis, dorthin fahren zu können, wohin man wollte. Meine Eltern verließen sich voll und ganz auf meine jungen Fahrkünste und sind nach einem riskanten Überholmanöver wohlbehalten in Münster wieder angekommen.

Henning 1964 – Die Europabrücke im Hintergrund

Meine Eltern (Bildmitte) 1960 in der Nähe des Schliersees

Die Kleidung im Wandel

*Junge Frau am Servatiiplatz
um 1950*

Auch in der Freizeit wird Krawatte getragen. Meinen Vater habe ich nie in Jeans erlebt. Zeit seines Lebens trug er Anzug – später auch eine sogenannte Kombination – und (fast) immer Krawatte.

Für Mädchen war das Tragen von Hosen absolut tabu. So war es zum Beispiel den Schülerinnen der Marienschule verboten, in Hosen in der Schule zu erscheinen. Aber dieses Verbot wurde mit allerlei Geschicklichkeit und List umgangen – die Mädchen muckten auf. Vor der Schule wurde die Hose mit dem Rock getauscht. Oder auch nicht, sie nahmen dann den Tadel mit einem Elternbrief bewusst in

Kauf – eine Rebellion gegen alte Konventionen und die vorherrschende Muffigkeit.

So wie sich das Freizeitverhalten im Laufe der Jahrzehnte änderte, so änderte sich gleichermaßen auch die Form der Kleidung.

Ein Schlusswort

Über den Treff am Lambertus-Brunnen, über die Schützenvereine, über das Baden am KÜ und über vieles mehr könnte erinnert und geschrieben werden.

Um den gesetzten Rahmen nicht zu sprengen, bitte ich um Nachsicht, wenn ich nicht alle Themenfelder behandelt habe. Vielleicht ergibt sich ein anderes Mal die Gelegenheit, darüber zu schreiben.

Abbildungen, soweit nicht anders angegeben: Sammlung Stoffers (Münsterländische Bank – Stadtarchiv)

Über den Hafen, die Schleuse, den Kanal und ‚Klein Muffi'

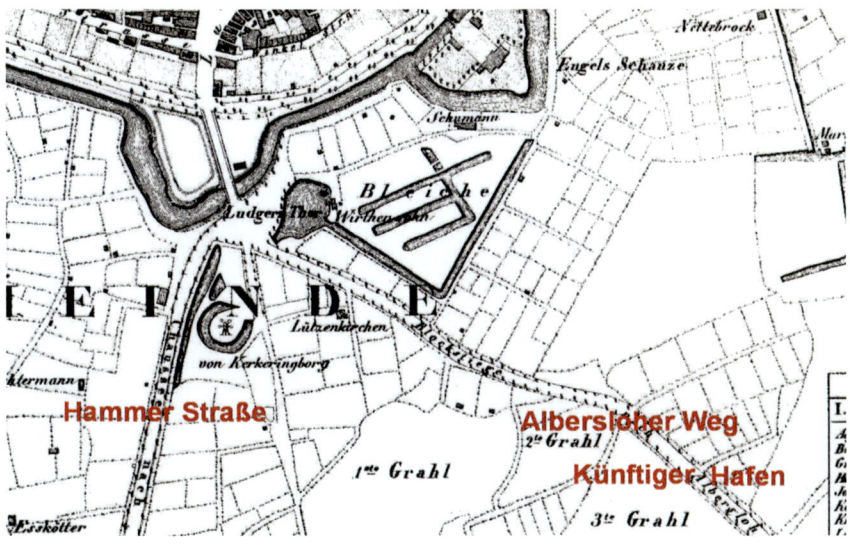

Ausschnitt Stadtplan von 1839

Der Osten Münsters ist seit mehr als 120 Jahren geprägt von seinem Hafen mit der Schleuse und dem Dortmund-Ems-Kanal. Der vorstehende Plan zeigt das ursprünglich unbebaute Gelände, das als Weide- und Ackerland genutzt wird.

Der Kanal um 1935

Was ein alter Stadtplan verrät ...

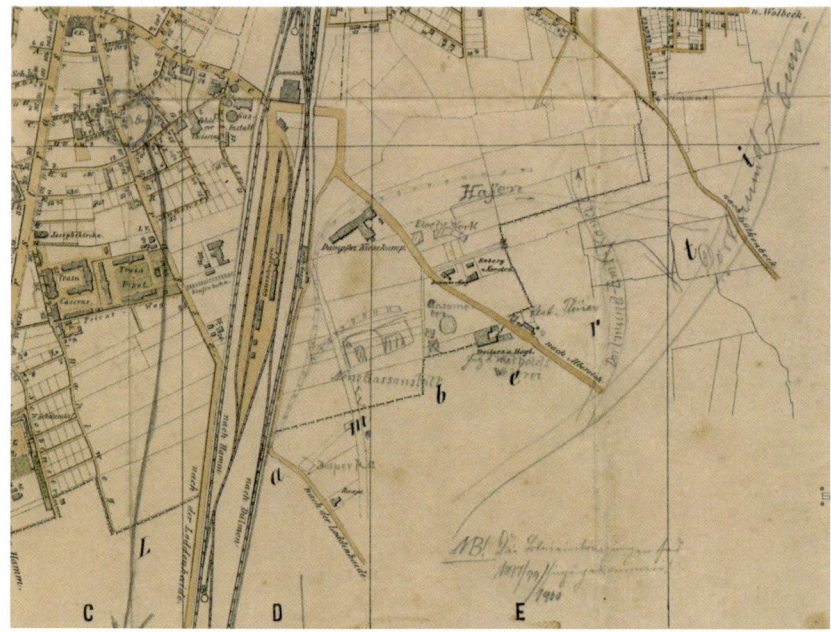

Stadtplan von 1892 – Ausschnitt

Der Plan von 1892 zeigt das östliche Stadtgebiet und zwar vor dem Bau des Dortmund-Ems-Kanals und des Hafens. Der damalige Besitzer des Stadtplans hat das neu Entstandene mit einem Bleistift eingezeichnet. Der handschriftliche NB!-Vermerk (nota bene = wohlgemerkt) aus dem Jahr 1900 hat den Text: ‚Die Bleistifteintragungen sind 1897-1899 hinzugekommen‘. Skizziert sind unter anderem ein Elektrizitätswerk, eine Gasanstalt mit seinem Gasometer, der neue Hafen und der Dortmund-Ems-Kanal. Eingezeichnet sind auch die Bahngleise, die parallel zum Hafen verlaufen.

Die Anfänge

Der Hafen Münster wird 1899 als Stichhafen zum Dortmund-Ems-Kanal. eröffnet. Der Kanal wird ebenfalls im gleichen Jahr nach nur siebenjähriger Bauzeit in Betrieb genommen.

Der neue Hafen bei der Einweihung im November 1899

Die Schleuse 1898

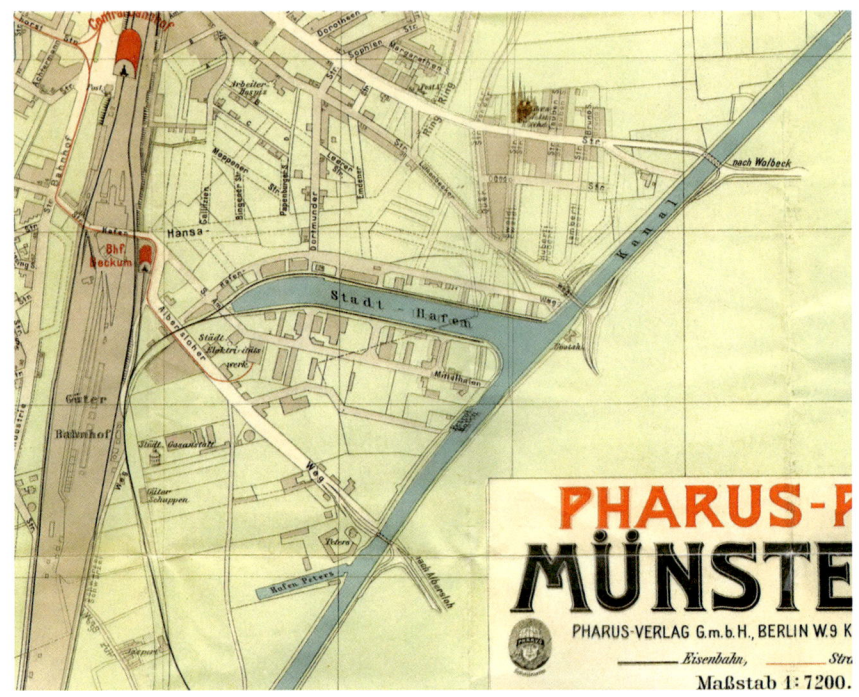

Stadtplan um 1905 – Ausschnitt

Die alte Schleuse vor der Erneuerung Anfang der 1990er Jahre

Nordöstlich von Münster kreuzt eine vorhandene Bahnlinie den entstehenden Dortmund-Ems-Kanal. Eine Eisenbahnbrücke wird über den Kanal gebaut. Südlich davon werden bis 1898 eine Schleusenkammer mit zwei Stemmtoren gebaut. Die Hubhöhe beträgt rund sechs Meter. Im Laufe der Jahrzehnte wird die erste Schleuse erneuert, und zwei weitere Scheusenkammern werden gebaut – angepasst an die inzwischen deutlich größeren Schiffe.

Bereits im Frühjahr 1899 wird der Kanal erstmals von Emden bis Dortmund mit einem Schiff befahren, und zwar vor der offiziellen Eröffnung.

Ansichtskarte um 1905

Die Lage des Hafens ist optimal gewählt: in nächster Nähe befinden sich der Güterbahnhof und später das Straßenbahndepot und die Halle Münsterland. 1905 ist auch die Nordseite mit einer Gleisanlage ausgestattet. Der kleine Stadthafen II wird für die Spedition Aug. Peters erbaut. Auch das Bauunternehmen Peter Büscher siedelt sich hier an. Etwas weiter südlich entstehen später die Silos der WCG (heute Agravis).

Bereits 1891 hat die Dampfmühle Kiesekamp einen neuen Standort gefunden. Man weiß, dass der Hafen mit dem Dortmund-Ems-Kanal optimal für die Firmenentwicklung sein wird. Aber der Neubau liegt nicht direkt am Hafen, so dass eine Überbrückung (siehe rote Linie) über den Albersloher Weg gebaut wird. Das im 2. Weltkrieg zerstörte Gebäude wird wiederaufgebaut und letztlich 1997 abgerissen.

Schlepper vor einer Kanalbrücke bei Münster

Denkmal eines Seefahrers, rechts der Flechtheim-Speicher

Am Ende des Hafenbeckens wird ein imposantes Denkmal errichtet, das einen Seefahrer mit Südwester und Steuerrad zeigt (Zerstörung 1944).

Zerstörung – Der Kopf des Seefahrers fehlt

Anfang des 20. Jahrhunderts verfügen Kanalkähne über keinen eigenen Antriebsmotor. Dampfbetriebene Schlepper ziehen Verbände von 5-6 Kähnen, die mit Stahlseilen verbunden sind, hinter sich her.

Schleppkahn mit Koks beladen

Der Hafen um 1920

Das Herz-Jesu-Viertel – Klein Muffi

In den Jahren des Kanalbaus entsteht ab 1892 eine Großbaustelle. Angeworbene Arbeiter aus Polen, den Niederlanden und anderen Ländern nehmen den Aushub vor, arbeiten an den Uferbefestigungen, und auch die Brücken werden von ihnen errichtet.

Die Arbeiter siedeln sich mit ihren Familien im Bereich des Kanals, des Hafens und rechts und links entlang der Wolbecker Straße an. Es sind kleine, einfache Häuser in engen, verwinkelten Gassen.

In diesen Jahren wird auch die Herz-Jesu-Kirche gebaut, die im Jahre 1900 fertig gestellt wird. Sie ist der Mittelpunkt dieses neuen Stadtviertels.

Es sind ‚einfache Leute' verschiedener Nationalitäten, die hier ihren Lebensmittelpunkt gefunden haben. Die alteingesessene Bürgerschaft Münsters ist über die neue Nachbarschaft nicht besonders begeistert. Kriminalität und Prostitution – wie übrigens auch im Kuhviertel und an der Sonnenstraße – sind anzutreffen. Hinzu kommen verbreitete ‚sozialistische und kommunistische Umtriebe' unter den Arbeitern. Auch Masematte ist in dieser Gesellschaftsschicht gebräuchlich.

Abfällig wird über diese Leute gesprochen, sie würden nicht gut riechen – sie müffeln. Aus dem Müffeln (Masematte: muffen) entsteht alternativ für das Herz-Jesu-Viertel die Bezeichnung ‚Klein-Muffi'.

An der Wolbecker Straße um 1960

Auf- und Abschwünge

Zu Beginn des 20. Jahrhunderts erlebt der Hafen einen rasanten Aufschwung. Umgeschlagen werden überwiegend Getreide und Holz. Aber auch Kohle, Baustoffe und Kolonialwaren werden über den Schiffsweg transportiert.

Der Hafen ist ein wichtiger Wirtschaftsfaktor für Münster und Umgebung geworden.

Als der 1. Weltkrieg beginnt, gehen die Umschlagmengen enorm zurück. Die Inflation, die Weltwirtschaftskrise und unruhige Zeiten in den 1920er Jahren lassen die Transportmengen immer wieder stark schwanken. Als 1933 die Nationalsozialisten an die Macht kommen, pendelt sich das Frachtvolumen auf hohem Niveau ein.

Die Hallen von Ostermann & Scheiwe

Große Betriebe haben sich angesiedelt. Die Firma Ostermann & Scheiwe errichtet ein großes Holzlager, und das Bauunternehmen Peter Büscher hat sein ausgedehntes Betriebsgelände am kleineren Stadthafen II.

Betriebsgelände Peter Büscher am Stadthafen II

Maiumzug der Werkgemeinschaft Münstersche Hafen

Umzug der münsterschen Schiffer 1.Mai 1936 – Foto Günther Jansen

Seit 1933 wird der 1. Mai als Tag der nationalen Arbeit gefeiert. Bei einem der Umzüge nimmt im Jahre 1936 auch eine Abordnung der 'Werkgemeinschaft Münsterische Schifffahrt' teil. Das vorneweg getragene Schild ist in Form eines Eisernen Kreuzes gestaltet. Die Teilnehmer tragen zum Teil Schiffermützen. Es werden Schiffsführer, Verwaltungsleute und Hafenarbeiter sein, die auf dem Bild zu sehen sind.

Zerstörung

Blick auf die Schillerstraße, links Ostermann und Scheiwe

Bereits im August 1940 ist der Hafen mit seinen Industriebetrieben Ziel von Bombenangriffen. Schwere Schäden werden angerichtet und Schiffe zerstört.

Zum Kriegsende ist das Gebiet rund um den Hafen weitgehend eine Trümmerwüste. Im Hafen und im Kanal liegen Schiffswracks. Etliche Spundwände und Kanalböschungen sind demoliert. Blindgänger werden überall im Kanalbett vermutet. Ein Hafenbetrieb ist unmöglich.

Notbrücke Warendorfer Straße

Die Wiederinbetriebnahme der Wasserstraße hat, der Not gehorchend, eine hohe Priorität. Im Sommer 1945 wird das Wasser des Kanals und des Hafens abgelassen. Innerhalb kurzer Zeit können die Wracks gehoben und die Spundwände und Böschungen repariert werden. Bereits im März 1946 wird der Hafenbetrieb wieder aufgenommen.

Nachkriegsjahre

Der Hafen um 1960 mit mehr als 20 Schiffen

Nach dem Krieg übernehmen die münsterschen Stadtwerke die Regie des Hafens. Große Unternehmen lassen die Umschlagszahlen in die Höhe schnellen. Das sind zum Beispiel die Kiesekamp-Mühle, das holzverarbeitende Unternehmen Ostermann & Scheiwe (Osmo-Hallen) und das Bauunternehmen Peter Büscher und Sohn am Stadthafen II. Allein letztere Firma hat eine 200 Meter lange Kaimauer und 50.000 qm Betriebsfläche.

Heute ist es unvorstellbar, dass Anfang der 1960er Jahre einmal mehr als 4000 Schiffe im Hafen gezählt wurden.

90

Reger Schiffsverkehr an der Schleuse

An der Schleuse um 1970

Der Wandel

Bereits in den 1980er Jahren zeichnet sich mit dem abnehmenden Warenumsatz der langsame Umbruch zu einer alternativen Nutzung des Hafens ab.

Zunächst siedeln sich kleinere Unternehmen an. Die erste Disko öffnet Anfang der 1990er Jahre.

Die Osmo-Halle vor dem Abriss

Heute ist ein pulsierender Stadtbereich mit Kunst, Kultur, Gastronomie und Büros entstanden. Auch das Wolfgang-Borchert-Theater hat in dem ehrwürdigen Flechtheim-Speicher eine neue Heimat gefunden.

Der alte Hafen hat sich zu einem modernen Kreativkai gewandelt und ist Tag für Tag Anziehungspunkt für viele Menschen. Die einstmals kleine Schleuse hat sich mit drei großen Kammern den neuen Anforderungen angepasst, und der Kanal hat sich durch die Verbreiterung zu einer auch künftig leistungsstarken Wasserstraße entwickelt.

28 April 2021: Freie Sicht auf die Schillerstraße, von den Osmo-Hallen existieren nur noch Schutthaufen

Der Dortmund-Ems-Kanal ist nach wie vor eine belebte Wasserstraße, nur halten die Schiffe nicht mehr in Münsters Hafen.

Außerhalb des Hafens legen Schiffe an den firmeneigenen Kais des Bauunternehmens Pebüso, der Westfalen AG oder der Agravis an. Dort werden auch weiterhin hunderttausende Tonnen jährlich umgeschlagen.

Zum Schluss

Der zwölfjährige Henning 1956 am Kanal: Mein Lieblingsspielplatz

Die Anbindung Münsters an eine Wasserstraße, die zu den Seehäfen der Nordsee führt, ist ein langgehegter Traum. Der erste Realisierungsversuch der Fürstbischöfe Clemens-August und Max-Friedrich finden im 18. Jahrhundert statt. Der Max-Clemens-Kanal wird gebaut, der nur kurzzeitig bis 1840 in Betrieb ist. Von diesem Bauwerk zeugt heute ein versumpftes und zugewachsenes Kanalbett, das parallel zur münsterschen Kanalstraße entlangführt.

Doch der Traum wird Ende des 19. Jahrhunderts zur Realität und hat das östliche Stadtgebiet Münsters bis auf den heutigen Tag tiefgreifend verändert und geprägt. Dort, wo einst Kühe weideten, Getreide wuchs und Bürger ihren Gemüsegarten hatten, ist ein lebendiges Stadtviertel entstanden.
Abbildungen, sofern nicht anders angegeben: Sammlung Stoffers (Münsterländische Bank – Stadtarchiv)

Die Elektrische, die O-Busse und vieles mehr ...

Münster bekam 1848 seinen ersten Bahnhof. Mit der Dampfeisenbahn wurden Menschen und Güter über längere Strecken transportiert. Für kurze Strecken innerhalb einer Stadt gab es jedoch noch kein ähnliches Transportmittel. Das sollte sich 1888 ändern.

Die Zeit der Pferdeomnibusse

Kutschen auf dem Prinzipalmarkt 1887 –
Sammlung Henning Stoffers

Es war der Hauderer Heinrich Hagenschneider, ein Fuhrunternehmer vom Bispinghof, der 1888 eine Lizenz zum Personentransport mit einem Pferdeomnibus beantragte. Der Magistrat stimmte am 26.3.1888 zu.

Das war die Geburtsstunde des städtischen Linienverkehrs. Hagenschneider hatte mit seiner Geschäftsidee den richtigen Riecher.

Pferdeomnibus

Hagenschneider begann mit drei Pferdeomnibussen und bediente innerhalb Münsters drei Strecken. Die einspännigen Omnibusse konnten bis zu 10 Personen aufnehmen. Eine einfache Fahrt kostete 10 Pfennig und war somit deutlich günstiger als die mit einer Mietkutsche.

Münster. Eröffnungsfahrt des ersten westfäl. Motoromn'bus Münster-Wolbeck.

Eine Fahrt mit dem Pferdeomnibus verlief gemächlich, brachte aber dem Fahrgast eine Bequemlichkeit, die es vorher zum kleinen Preis nicht gab.

Hagenschneiders Geschäfte liefen gut. Es wurde sogar ein motorisierter Omnibus angeschafft, der Münsters Außenbezirke versorgte.

Elektrizität – Die neuen Möglichkeiten

Die Jahre des rasanten technischen Fortschritts hatten begonnen, und die Elektrizität spielte eine immer bedeutendere Rolle.

Völlig neue Möglichkeiten erschlossen sich: Wie zum Beispiel der Bau einer elektrischen Bahn, die auf Schienen rollte und Personen innerhalb einer Stadt beförderte – die Elektrische, die Straßenbahn.

Die Straßenbahn kommt

Münsters Bevölkerung war in den letzten fünf Jahrzehnten von 25.000 auf 65.000 Einwohner gestiegen, hatte sich also mehr als verdoppelt. Der Straßenverkehr nahm gleichermaßen zu. 1901 war der Zeitpunkt gekommen, den Pferdeomnibus durch die ‚Elektrische‘ – die Straßenbahn – abzulösen. Eine neue Ära hatte begonnen.

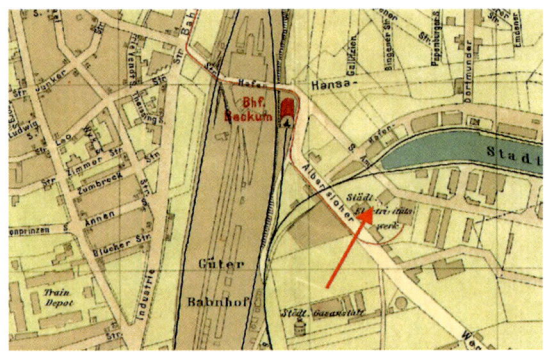

Elektrizitätswerk – Stadtplan 1905

Östlich der Stadt war Ende des 19. Jahrhunderts Münsters Hafen entstanden. In diesen Jahren kamen eine Gas-Anstalt und ein Elektrizitätswerk am Albersloher Weg hinzu. Und im nächsten Schritt baute man dort das Straßenbahndepot.

Es entwickelte sich eine immense Bautätigkeit. Gleise waren zu verlegen, wie auch die Oberleitungen für die Stromversorgung. Die Buddelei waren die Münsteraner gewohnt, denn Jahre zuvor waren die Wasserleitungen in die Häuser und etwas später in die Abwasserkanäle gelegt worden.

Organisatorische Grundlagen waren zu schaffen, das Personal musste eingestellt und geschult werden, Haltestellen eingerichtet und Fahrscheine gedruckt werden. Der Wochenmarkt wurde auf den Domplatz verlegt. Sicherheitsbedenken waren maßgeblich, denn die Gleise führten direkt am Bürgersteig entlang, wo sich in nächster Nähe die Marktstände befanden.

Prinzipalmarkt um 1910 – Sammlung Henning Stoffers

Frühe Straßenbahn der Stadt Münster

Das Straßenbahnnetz 1936

Dieser Ausschnitt des Stadtplans zeigt mit den durchgezogenen roten Linien das Schienennetz der Straßenbahn. Zwei Gleispaare wurden mit doppelten Linien kenntlich gemacht. Bei Strecken mit nur einem Gleispaar war nur ein einfacher Pendelverkehr – ohne Gegenverkehr – möglich.

Streckenplan 1936 – Sammlung Henning Stoffers

Wegen der sehr schmalen, engen Salzstraße und Ludgeristraße fuhren die Straßenbahnen in der Gegenrichtung einen kleinen Umweg durch den Alten Steinweg und die Königstraße.

Die Fahrgäste hatten wegen der relativ geringen Dichte des Schienennetzes längere Fußwege zurückzulegen, insbesondere an der Peripherie der Stadt.

Eine besonders enge Durchfahrt gab es am Drubbel. Die Ansammlung von zehn Wohn- und Geschäftshäusern ließ zu den Nachbarhäusern nur einen Durchlass von 4,40 Metern, durch die die Straßenbahn fuhr. Nach einem Brand wurde das historische Häuserensemble 1907 leider abgerissen.

Drubbel vor dem Abriss – Sammlung Henning Stoffers

Heute erinnert nur noch die hellere Pflasterung, die den Grundriss der Gebäude markiert.

Die Ära Straßenbahn

53 Jahre lang gab es die Straßenbahn in Münster. Allerdings musste der Be-

trieb ab 1922 für zwei Jahre ruhen. Die Inflation war der Grund für die Sparmaßnahmen. Die Not war groß, sodass sogar der Türmer von St. Lamberti – trotz Bürgerproteste – abberufen worden war.

Parallel zu den Straßenbahnen kamen auch Omnibusse zum Einsatz. Die Einwohnerzahl hatte weiter zugenommen und die Anforderungen an den Nahverkehr waren ebenfalls gestiegen. Das Verkehrsmittel Bus zeichnete sich – im Vergleich zur Straßenbahn – durch seine größere Flexibilität aus. Auch mussten keine Gleise und Stromleitungen gelegt werden. Insofern stellte der Bus eine ideale Ergänzung zur Straßenbahn dar.

In den Kriegsjahren herrschte Spritmangel, daher waren Autos und Busse zum Teil mit Holzvergasern ausgestattet

Sommer 1945 – Foto Carl Pohlschmidt ULB Münster 2831

Im 2. Weltkrieg wurde ein Großteil des städtischen Fuhrparks zerstört. Auch das Schienennetz nahm erheblichen Schaden.

Nach dem Krieg machten beunruhigende Gerüchte die Runde. Die Straßenbahn würde abgeschafft werden, sie soll durch O-Busse ersetzt werden. Herr Geringhoff, Leiter des Bauausschusses, gab bekannt, die Bevölkerung möge beruhigt sein. Man denke nicht an die Stilllegung der Straßenbahn. Das Gegenteil sei der Fall, das Straßenbahnnetz würde nämlich weiter ausgebaut werden. Das war im Januar 1948. Dennoch liefen Überlegungen, O-Busse einzusetzen, was letztlich realisiert wurde.

1954 fuhr in Münster die letzte Straßenbahn. Die O-Busse und die Dieselbusse beherrschten nunmehr das Stadtbild.

O-Busse vor dem Gertrudenhof an der Warendorfer Straße

Bereits das Jahr 1968 brachte das Aus für die O-Busse. Der enge Radius, in dem sich die Busse nur bewegen konnten, mag einer der Gründe gewesen sein, dieses Verkehrsmittel abzulösen.

Mehr als 50 Jahre sind vergangen. Heute sähe eine solche Entscheidung wegen des gestiegenen Anspruchs auf Umweltfreundlichkeit und einer größer gewordenen Stadt sicherlich anders aus.

Die Heulende Kurve

*Ritzenreiniger am Drubbel um 1950 –
Sammlung Henning Stoffers*

Zwischen der Telgter Straße und der Salzstraße – am Erbdrostenhof – mussten die Straßenbahnen eine enge Kurve durchfahren.
Die schrillen, quietschenden Geräusche führten 1903 zu einer geharnischten Beschwerde der Chefin des Hotels Rheinischer Hof, das genau in diesem Bereich lag. Die Hotelgäste würden über Gebühr gestört werden.

Man versprach Abhilfe, was trotz guter Absicht nicht gelang, obwohl die Ritzenreiniger dort besonders fleißig im Einsatz waren.

Die Straßenpassage bekam im Volksmund die passende Bezeichnung ‚Heulende Kurve'. Eine dort bis Mitte der 1980er Jahre ansässige Kneipe übernahm diesen Namen.

Hotel Rheinischer Hof –
Sammlung Henning Stoffers

Der Wirt der ‚Heulenden Kurve' hatte sich etwas Besonderes einfallen lassen: Eine Modell-Straßenbahn fuhr auf Schienen, die unterhalb der Decke angebracht waren. Die Anhänger waren mit Biergläsern beladen. Der Bezug zur historischen Vergangenheit war hergestellt.

Heute ist dort immer noch eine Kneipe zu finden, der ‚Bunte Vogel'. Die Schienen sind seit vielen Jahren verschwunden, nur noch die Abbildung einer Straßenbahn auf dem Ausleger der Gaststätte erinnert an die ‚Heulende Kurve'.

Wer zieht/schiebt wen?

Das nebenstehende Foto wirft Fragen auf: Die Straßenbahn und der O-Bus sind mit einer Stange und einem Stromkabel verbunden, die Stromabnehmer des Busses sind herabgeklappt.

Wird der Bus von der Straßenbahn geschoben?

Ausschnitt

Die Stromleitungspaare der O-Busse führten damals nicht bis in den Fuhrpark der Stadtwerke. Deshalb bekam der O-Bus seine Stromversorgung von der Straßenbahn. In der Vergrößerung des Bildes ist das Stromkabel zu sehen. Somit konnte der O-Bus aus eigener Kraft mit der Straßenbahn im Schlepp ins Depot fahren – Wie Florian Adler von den Stadtwerken mitteilte, wurden diese Straßenbahnen als ‚Reinholer‘ bezeichnet.

Fahrscheine

Heute ist der Fahrschein oder das Busticket in papierner Form im Aussterben begriffen. In den Anfängen war dieses Stück Papier eine mehr oder weniger komplizierte Angelegenheit. Nicht nur das Datum und die Uhrzeit des Fahrbeginns mussten vom Schaffner vermerkt werden, sondern auch der Abfahrort und das Fahrziel. Das Umsteigen war nur an der Lambertikirche oder am Servatiiplatz gestattet.

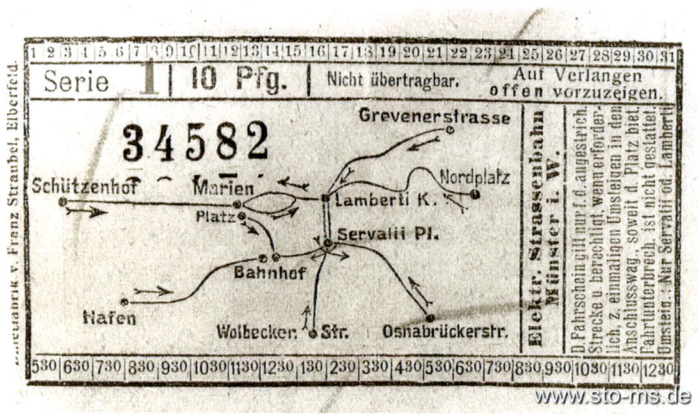

Der Druckfehlerteufel hat sich bei diesem Ticket eingeschlichen. Münster hatte zwar einige Jahre zuvor eine ‚Osnabrücker Straße‘, aber nicht mehr in der Zeit, als dieser Fahrschein seine Gültigkeit hatte. Irrtümlich wurde unten rechts diese Straße auf dem Fahrschein vermerkt. Es hätte ‚Warendorfer Straße‘ heißen müssen.

Das Ticket hatte Gültigkeit am 24. des Monats, um 14:30 Uhr, und zwar vom

Schützenhof zur Endstation Danziger Freiheit der Warendorfer Straße mit Umstieg am Servatiiplatz. Dies zeigen die schwach erkennbaren Bleistiftmarkierungen.

Beim Kauf eines Fahrscheinheftes für 0,65 Reichsmark gab es 35% Rabatt! – Sammlung Henning Stoffers

Gab es damals diebische Mitarbeiter an den Verkaufsstellen, die hier und da einen Fahrschein für eigene Zwecke entnahmen, oder waren es vielleicht drucktechnische Probleme? Jedenfalls sollte der Käufer nachzählen, ob alle fünf Fahrscheine vorhanden waren.

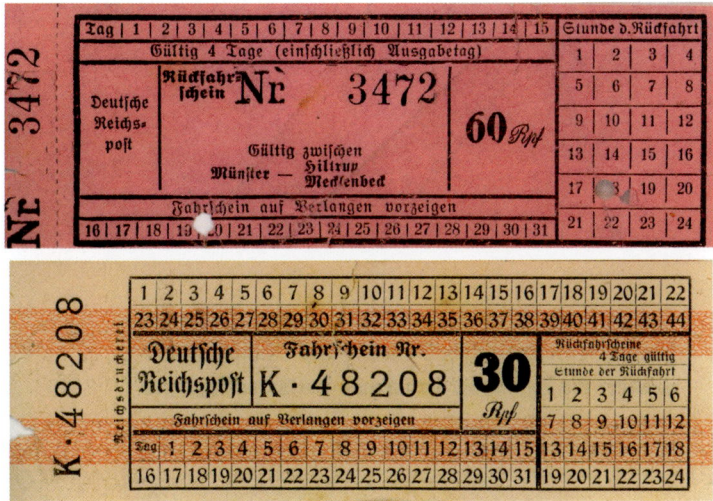

Sammlung Henning Stoffers

109

Für Fahrten außerhalb Münsters – zum Beispiel nach Hiltrup oder Mecklenbeck konnten nur die Postbusse der Reichspost benutzt werden. Diese Fahrscheine wurden um 1935 verwendet.

Sammlung Henning Stoffers

Die Mehrfahrten-Karte war im Vergleich zu den früheren Fahrscheinen sehr fortschrittlich. Die Tickets wurden von den Vorverkaufsstellen ausgegeben. Einzelfahrscheine konnten direkt beim Fahrer erworben werden. Der Fahrgast entwertete seinen Fahrschein selbst durch Stempelabdruck an den vorgesehenen Stellen. Ein Schaffner wurde nicht mehr gebraucht und war mit dieser Rationalisierungsmaßnahme abgeschafft worden.

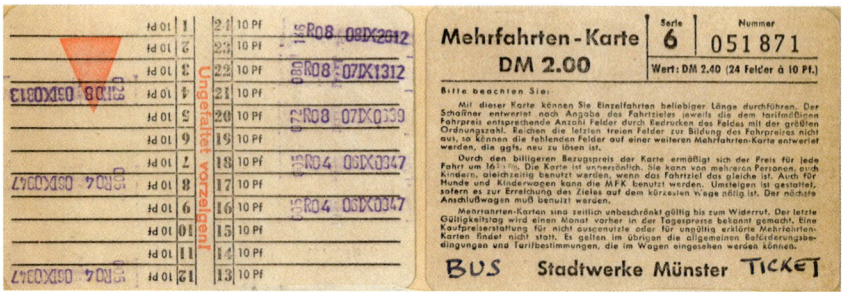

Mehrfachkarte Ende der 1950er Jahre – Sammlung Henning Stoffers

Erinnerungen

Als Schüler hatte ich einige wenige Male das besondere Vergnügen, mit der Straßenbahn fahren zu dürfen. Das war nicht selbstverständlich, denn es kostete Geld, und das war knapp.

Mit dem Straßenbahnführer durfte nicht gesprochen werden. Es war verboten. Ein Schild am Fahrerstand machte unmissverständlich darauf aufmerksam. In späteren Jahren gab es das Verbotsschild noch längere Zeit auch in den O-Bussen und Dieselbussen.

Beeindruckend fand ich den Geldwechsler, den der Schaffner bzw. die Schaffnerin um-

Schaffnerin und Straßenbahnführer

*Geldwechsler mit 6 Schächten für Euromünzen –
Foto Henning Stoffers*

gehängt vor der Brust trug. In einer Seitentasche befanden sich die Fahrscheine verschiedener Stückelung, die beim Verkauf mit einer Lochzange entwertet wurden.

In den vier blinkenden Röhren waren die jeweiligen Münzwerte einsortiert. Wurde der Fahrschein mit

111

einem Markstück bezahlt, verschwand das Geldstück sofort in der entsprechenden Röhre. Dann klimperte das Wechselgeld in Groschen und einem 50-Pfennigstück blitzschnell in die kleine Auffangschale.

Die O-Busse mit ihren schnurrenden, leisen und umweltfreundlichen Motoren prägten nur zweieinhalb Jahrzehnte Münsters Stadtbild.

Die hölzernen Sitzplätze boten keinen Komfort, der damals auch gar nicht erwartet wurde. Werbeplakate im oder am Bus, wie wir sie heute kennen, gab es nicht.

www.sto-ms.de

Ich erinnere mich an die blauen Lichtblitze, wenn es gefroren hatte, und die Stromabnehmer der Busse an den vereisten Oberleitungen entlangglitten. In der Dunkelheit war es ein gespenstischer Anblick, wenn die Häuserfronten für kurze Momente in bläuliches Licht getaucht waren.

Dankeschön

Florian Adler von den Stadtwerken Münster danke ich herzlich, einen Teil der hier gezeigten Bilder veröffentlichen zu dürfen.

Quellen

Text und Idee: Henning Stoffers
Fotos, wenn nicht anders angegeben: Stadtwerke Münster
Stadt Münster: Beiträge zur Stadtforschung Stadtentwicklung Stadtplanung 6/1980
Dokumentation Wiederaufbau Materialsammlung

Von der Hausschlachtung zum Schlachthof
... und was aus ihm wurde
Als es noch keine Schlachthöfe gab

Heute sind vom münsterschen Schlachthof keine Spuren mehr zu finden. Er lag an der Schlachthausstraße (heute Rjasanstraße) in direkter Nähe der Aa. Inzwischen ist am damaligen Standort ein Wohnkomplex mit einem Supermarkt entstanden.

Metzgerei Mennemann, Wolbecker Straße 10 um 1910 –
Sammlung Henning Stoffers

Den Beruf des Metzgers oder des Straßenschlächters gibt es seit Jahrhunderten. 1685 zählte unsere Stadt 30 Fleischhauer und Straßenschlächter nebst Knechten und Lehrlingen. Die Einwohnerzahl (ohne Klerus) betrug lediglich 6.901 Seelen.

Die hygienischen Zustände waren katastrophal. Blut und sonstige Schlachtabfälle gingen in die Gosse und von dort aus in die Aa oder versickerten im Erdreich. Die Abwasserkanalisation kam erst in der 2. Hälfte des 19. Jahrhunderts nach Münster. Eine Fleischbeschau nach vorgegebenen Regeln gab es nicht.

In der Stadt kamen nicht nur Fleischwaren der ansässigen Metzgereien zum Verkauf, sondern auch Erzeugnisse aus der näheren Umgebung. Geschlachtet wurde auf Bauernhöfen und überall dort, wo Schlachtvieh gehalten wurde.

Metzgerei Bernhard Mennemann

Die Kiepenkerle, die von außerhalb nach Münster zum Verkauf an der Haustür kamen, hatten neben den üblichen Kämmen, Bürsten und anderen Haushaltswaren oft auch Schmackhaftes in ihrer Kiepe. Ein Hühnchen, ein Karnickel oder Würste konnten u.a. im Angebot sein.

Eigenes Vieh zu halten, war nicht ungewöhnlich. Hühner, Ziegen und Kühe gehörten zum Stadtbild. Der Name der Kuhstraße erinnert daran.

Baron Alfred von Renesse warb im frühen 20. Jahrhundert für die Haltung von Ziegen zur Selbstversorgung der Bevölkerung. Er bezeichnete die Ziege als die ‚Kuh des kleinen Mannes‘ und gründete den Ziegenzuchtverein. Sogar ein Denkmal mit einer Ziege wurde in einem Biergarten aufgestellt – Als münstersches Original war von Renesse als ‚Ziegenbaron‘ bekannt.

Ziegendenkmal in MÜNSTER i. W. in Appels Altbiergarten.
Gestiftet v. Verein der Ehrenmitglieder zur Hebung der Ziegenzucht am 21. August 1905.

Gründung von Schlachthäusern

Das Zeitalter der Urbanisierung war angebrochen. Hygienische Maßnahmen zum Schutz der Bevölkerung vor gesundheitlichen Risiken traten in den Vordergrund. Vieles sprach daher dafür, die Schlachtung zu konzentrieren und in öffentliche Schlachthäuser zu verlagern.

Der preußische Staat erließ 1868 ein Gesetz, das aber erst nach seiner Novellierung 1881 zur landesweiten Gründung von Schlachthäusern mit tierärztlicher Fleischbeschau führte.

Auch heute noch gibt es Hausschlachtungen, für die gesetzliche Vorschriften maßgeblich sind.

Stadtplan 1892 mit Schlachthaus – Ausschnitt

Die Grundstückslage – An der Peripherie der Stadt

Stadtplan um 1905

Münsters Rat beschloss 1882, im nördlichen Stadtgebiet ein Schlachthaus als Monopolbetrieb zu errichten. Beeinflusst wurde die Standortwahl von der nahegelegenen Aa. Das Flüsschen, das an dieser Stelle die Stadt verließ, sollte – wie in Jahrhunderten zuvor – Blut, Fäkalien und andere Abfälle mit sich nehmen. Man glaubte, in guter Absicht zu handeln. Ein ausgeprägtes, kritisches Umweltbewusstsein gab es in jener Zeit nicht. Noch Ende der 1950er Jahre gelangten Schlachtabfälle in die Aa.

Das Baugrundstück lag zwischen der Kanal- und der Gartenstraße – dort wo sich einst die Enkingmühle befand. Der Mühlenweg hieß später Niedersachsenring. Der im Stadtplan verzeichnete, ehemalige kleine Friedhof für Straf-

118

gefangene ist zwischen der Strafanstalt und dem Schlachthaus gut zu erkennen; heute eine Rasenfläche gegenüber der Einmündung zur Kolpingstraße.

Der Bau des Schlachthauses

Metzger.

Alsmann A., Loerstr. 7.
Alsmann Clemens, Brinkstr. 5.
Alsmann Heinr., Ritterstr. 3.
Bohle W., Kreuzstr. 43.
Dacke A., Verspoel 2.
Deckwitz F., Katthagen 40.
Denecke Carl, Neubrückenstr. 33/34.
Diening Bern. Clemensstr. 41.
Diening G., Aegidiistr. 31.
Diening Wilh., Krummen Timpen 44.
Disselkamp Joh., Georgs-Commende 16.
Fahne Florenz, Krummstr. 33/34.
Finger B. Wwe., Bergstraße 62.
Finger H., Hörsterstr. 22.
Finger Jos., Hagedornstr. 7.
Finger Theod., Krummen Timpen 8.
Goesmann F., Breitegasse 2.
Horbert Hermann, Brinkstr. 13/14.
Hesselmann Theod., Corduanenstr. 5.
Heising Theod., Krummen Timpen 61.
Höne Jos., Katthagen 8.
Hülsmann F., Katthagen 23.
Koch Friedr., Kreuzstr. 6.
Kortmann Franz, Wilmergasse 8.
Krahn Clemens, Wilmergasse 15.
Mennemann Alex, Alter Fischmarkt 9.

Mennemann B., Salzstr. 26.
Mennemann F., Jüdefelderstr. 8.
Moormann Hr., Kemper 174. Sternstr.
Möller Theodor, Uppenb. 112. Kornstr.
Neuhaus Anton Wwe., Herrenstr. 5.
Niermann Heinr., Peterfilienstr. 8.
Niermann Frz., Kemper 102. Türkenstr.
Pröbsting A., Schützenstr. 43.
Pröbsting Zachar., Herrenstr. 18.
Raape Anton, Aegidiistr. 15.
Raape Heinr., Ludgeristr. 35.
Raape Theod., Rothenburg 21.
Rosenbahl Selig, Kreuzgasse 6.
Schrage A., Telgterstr. 21.
Schwarte Bernard, Ludgeristr. 108.
Stumpe B., Jüdefelderstr. 24/25.
Thörner Bern., Grünegasse 45.

Auszüge aus dem Einwohnerbuch von 1875 – ca. 35.000 Einwohner

Pferde-Metzger.

Böcker Bernard, Ribbergasse 10.
Freßmann Anton, Tasche 34.
Schäfers Joseph, Lotharingerstr. 7.

Nach dem Einwohnerbuch von 1875 zählte Münster mehr als 40 Metzger und drei Pferdemetzger. Davon unterhielten 15 Metzger eigene Schlachtstellen. Diese Metzger mussten bei der Eröffnung des Schlachthauses im Jahre 1885 ihre Schlachtstellen aufgeben. Die Stadt zahlte daher den Metzgern zum Ausgleich Entschädigungen. Die Metzger bezogen nunmehr das Fleisch vom Schlachthof und produzierten wie bisher ihre Fleisch- und Wurstwaren.

Gebaut wurden drei Schlachthallen für Rinder, Schweine und Pferde. Wichtig war der Bau eines Kühlhauses mit einer Anlage zur Eisherstellung. Das Eis wurde auch an Metzger, Bierverleger und an Besitzer von Eisschränken (Vorläufer der elektrischen Kühlschränke) verkauft.

In anderen Gebäuden befanden sich die Verwaltung, Stallungen und weitere

Bereiche, in denen Felle, Därme und sonstige Schlachtabfälle weiterverarbeitet wurden.

Schlachthaus um 1930 – Mittig der Kühlturm

Von der städtischen Stromversorgung war der Schlachthof unabhängig. Für die Beleuchtung und die elektrischen Maschinen gab es eine eigene elektrische Anlage zur Stromerzeugung.

Schlachthaus um 1930

Das Unternehmen

Städtischer Schlachthof — Nachweisung der Schlachtungen

Berichtszeit	Ochsen	Stiere	Kühe	Rinder	Rindvieh stück zus.	Schlacht-gewicht kg	Schweine	Schlacht-gewicht kg	Kälber	Schlacht-gewicht kg	Schafe	Ziegen	Schlacht-gewicht kg	Pferde	Schlacht-gewicht kg	Insgesamt Viehstücke	Insgesamt Schlacht-gewicht kg
1. 1. 36 bis 31. 3. 36	46	211	863	48	1168	324 256	5 644	632 161	2216	90 426	151	18	3 668	92	24 414	9 289	1 074 925
1. 4. 36 bis 30. 6. 36	30	266	707	34	1037	291 712	5 490	577 264,5	2527	111 657,5	170	13	3 760	79	22 061	9 316	1 006 455
1. 7. 36 bis 30. 9. 36	13	390	675	91	1169	310 521	5 587	566 610,5	1459	69 760	371	14	8 238,5	106	28 035	8 706	983 235
1. 10. 36 bis 31. 12. 36	49	339	894	126	1408	383 475	6 995	772 767	1481	68 835	521	11	10 376	270	69 243	10 686	1 304 696
Insges. 1936	138	1206	3139	299	4782	1 309 964	23 716	2 548 803	7683	340 678,5	1213	56	26 042,5	547	143 813	37 997	4 369 301
1935	124	1013	3531	452	5120	1 338 531,5	22 199	2 282 787,5	8713	374 017	1133	57	25 213	473	137 901	38 176	4 148 450

Fleischbeschau — Die Fleischbeschau hat folgendes Ergebnis:

1936	Pferde	Rinder	Kälber	Schweine	Schafe	Ziegen
A. Als untauglich f. d. menschliche Nahrung wurden verworfen	58	32	9	9	13	—
B. Der Freibank wurden überwiesen:						
1. als bedingt tauglich	—	73½	—	10¾	—	—
2. als im Nahrungswert erheblich herabgesetzt (ganze Tiere)	—	133¾	26½	79¾	19	—
3. Muskelfleisch, Knochen, Fett- und Hautteile in kg	—	33½	4⅓	145½	—	—

Statistik: Schlachtungen 1936 im Schlachthof Münster

Die Statistik aus dem Jahr 1936 belegt eindrucksvolle Zahlen. Arbeitstäglich wurden ca. 130 Tiere geschlachtet. Lediglich 120 Tiere waren in diesem Jahr für den menschlichen Verzehr nicht oder nur bedingt geeignet.

Schlachthausstraße.

(Vor Neubrückentor.)

(Von der Canalstr. zur Garten=
straße.)

1 E. (Stadt Münster)
Städtisch. Schlachthaus ○═► 501
lillrich, Karl, Tierarzt, Direktor
Krücken, Hrch., Tierarzt
Schnapp, Hrch., Hallenaufseher
u. Wiegemeister
Glatz, Paul, Heizer

Einwohnerbuch 1910

Wirtschaftliche Erfolge konnte der Schlachthof während seines gesamten Bestehens nicht aufweisen. Die finanziellen Defizite mussten seitens der Stadt getragen werden. Es gab größere Investitionen, die die Wirtschaftlichkeit nicht positiv veränderten.

Nach den Bombentreffern im 2. Weltkrieg gab es Ende der 1950er Jahre einen Wiederaufbau. Das finanzielle Kernproblem bestand weiterhin, sodass 1979 die Privatisierung erfolgte. Die nachfolgenden Besitzerfirmen hatten ebenfalls hohe Verluste und konnten die Pacht an die Stadt nicht mehr zahlen.

Viehhalle um 1970 – Foto Stadtarchiv

Viehhalle um 1970 – Foto Stadtarchiv

Das Ende

Luftaufnahme 1977 – Foto Stadtarchiv

Neu erbauter Kühlturm um 1970 – Foto Stadtarchiv

Als der Schlachthof gebaut wurde, lag er am Stadtrand, und zwar jenseits der inzwischen gewachsenen dichten Wohnbebauung. Die mit dem Betrieb verbundenen Belästigungen (Geräusche, Gerüche etc.) der Nachbarschaft waren mit ein Grund, das Grundstück einer anderen Nutzung zuzuführen.

Der Schlachtbetrieb war inzwischen eingestellt worden, als 1995 ein Ideenwettbewerb zur Bebauung des Grundstücks ausgeschrieben wurde. Es entstand ein Gebäudekomplex mit Wohnungen, Büros und einem Supermarkt.

MZ 23.2.2000

Die Bauarbeiten auf dem ehemaligen Schlachthofgelände haben flächendeckend begonnen. Die Wohn + Stadtbau GmbH, die WohnungsGesellschaft Münsterland und der Wohnungsverein Münster von 1893 errichten hier am Rande des Kreuzviertels rund 190 Wohnungen, einen Lebensmittelmarkt, eine Markthalle sowie Büros und Praxen. Die Investoren haben sich zu einer ökologischen Bauweise und autoarmen Wohnen verpflichtet. Jede fünfte Wohnung wird behindertenfrei gestaltet. Foto: Felgner

Die Schlachthausstraße erhielt in diesem Zusammenhang einen neuen Namen: Rjasanstraße. Vermutlich wurde der alte Name für eine Wohnadresse als nicht fein genug erachtet.

Ansicht von der Gartenstraße – Foto Henning Stoffers

125

Dies ist insbesondere deswegen schade, weil ein Stück unserer Geschichte der Vergessenheit überlassen wird. Es erinnert nichts mehr an ein traditionelles Unternehmen, das 100 Jahre in unserer Stadt seinen Standort hatte und Münster und sein Umland mit Fleischprodukten versorgte.

Zu guter Letzt

Vielleicht erinnern sich einige Münsteraner noch an die Pferdeschlachterei Franz Schlebusch in der Sonnenstraße. Später firmierte man unter Schlebusch und Wulff. Es gab in den 1960er Jahren Verkaufsstellen in der Ritterstraße und in der Hammer Straße.

Franz Schlebusch
Pferde-Großschlachterei

Münster (Westf.) • Sonnenstraße 43
Fernruf: Münster i. W. 23017, Telgte i. W. 45

Kaufe Schlachtpferde zu den höchsten Tagespreisen!
Bei Unglücksfällen stehen Autotransportwagen zur
Verfügung. Entfernungen spielen keine Rolle, sofortige
Bedienung bei Tag und Nacht

Empfehle meine altdeutsche Gast- und Speisewirtschaft
Warmes Essen von 35 Pfennig an

Ständig große Auswahl in Arbeitspferden und Fohlen
Lieferant für die Tierfütterung des Zoologischen Gartens Münster

Die nebenstehende Anzeige ist sehr aufschlussreich. Schlebusch kaufte unter anderem Pferde auf, die bei Unfällen verendet waren. Als Fleischlieferant gingen seine Produkte zur Tierfütterung auch an den münsterschen Zoo.

Mit diesem Spruch wurde geworben:
Iß män noch nen Happen
von Franz Schlebusch seinen Rappen

Quellen

Abbildungen, sofern nicht anders angegeben: Das Schöne Münster 2/1938
Geschichte der Stadt Münster, Band 2, Wolfgang R. Krabbe, Seiten 595 ff.
Das Buch der Stadt Münster, 1930, Seiten 233 ff.
Bevölkerungszahl und berufliche Gliederung Münsters am Ende des 17.
Jahrhunderts – Hugo Heidemann, Westfälische Vereinsdruckerei 1917

Schicksale

Zur Erinnerung an Reinhold Friedrichs und Josef Schmelter

Mit diesem Beitrag möchte ich an zwei Menschen erinnern, die mit Münster besonders verbunden waren. Jeder von ihnen hat in schwerer Zeit auf seine Weise bewiesen, was charakterliche Festigkeit, Geradlinigkeit und Freundschaft bedeuten

Reinhold Friedrichs ist Priester und wird seit 1935 vom Naziregime als politisch unzuverlässig eingestuft. Er ist befreundet mit dem Münsteraner Josef Schmelter, der ein Fotogeschäft führt. Beide kennen sich seit etwa 1925.

Reinhold Friedrichs 1886-1964   *Josef Schmelter 1907-1955*

Nach mehreren Stationen wird Kaplan Reinhold Friedrichs in den 1920er Jahren Religionslehrer an den städtischen Handels- und Berufsschulen in Münster.

Reinhold Friedrichs: oben – Mitte darunter Josef Schmelter

Als Josef Schmelter sich in der kaufmännischen Ausbildung befindet, kreuzen sich ihre Wege. Friedrichs wird sein väterlicher Freund. Auch nach Josefs Tod im Jahre 1955 bleibt Reinhold Friedrichs ein guter Freund der Familie Schmelter.

Das Foto aus dem Jahre 1929 zeigt den 22-jährigen Josef Schmelter im Kreise der Mitglieder des Katholisch kaufmännischen Vereins.

Familie Josef Schmelter

Josef und Maria Schmelter haben drei Söhne – Reinhold, Ernst-August und Peter. Sie sind gläubige Christen und mit der katholischen Kirche eng verbunden.

Josef Schmelter betreibt seit 1939 ein erfolgreiches Fotogeschäft in der Hammer Straße 5. Nicht weit entfernt davon befinden sich die Wohnung und das Labor für die Filmentwicklung. Dieses Fotogeschäft ist die Keimzelle einer erfolgreichen Firmengeschichte.

Schmelter, Anton, Rind= u. Schweine-
metzgerei, Hubertistraße 10, Privatw.
Windthorststraße 39/41 ☎ 4 16 23
— Elif., Wwe. d. Staatl. Forstmeifters,
Auf der Horft 18
— Josef, Foto=Kino=Projektion, Hammer
Straße 5 ☎ 2 07 60
— Jof., Kaufmann, Breite Gaſſe 45
— Jof., Reichsbahnschaffner, Amſelſtr. 6
— Maria, Sportlehr., Auf d. Horſt 18
— Wilh., Prov.=Angeſt., Auf der Horſt 18

Firmeneintrag Einwohnerbuch 1939

Am 12.9.1944 werden durch eine schwere Bombardierung die Wohnung, das Fotogeschäft und das Labor völlig zerstört. Die Familie hat ihr Hab und Gut – wie viele andere Menschen in jener Zeit auch – auf einen Schlag verloren. Sie stehen vor dem Nichts.

Die Familie findet in einem kleinen Holzhaus in Greven-Westerode eine neue Unterkunft. In Greven gründet Josef Schmelter für drei Jahre ein Fotogeschäft. 1948 kehrt die Familie zurück nach Münster.

Josef und Maria Schmelter – Frühe 1950er Jahre

Josef mit Reinhold (links) und Ernst-August um 1940

Über Reinhold Friedrichs

Die Nazis verbieten Reinhold Friedrichs 1935 jegliche Tätigkeit als Religionslehrer. Als er 1941 nach mehreren Gefängnisaufenthalten ins KZ Dachau verschleppt wird, versucht sein Freund Josef Schmelter, beim münsterschen Gauleiter Dr. Alfred Meyer (Teilnehmer der Wannsee-Konferenz) zu intervenieren. Erfolglos. Bei einem erneuten Versuch wird ihm gesagt, er solle das lassen, sonst lande er beim nächsten Mal ebenfalls im KZ. Diese Form der Zivilcourage ist in jener Zeit lebensgefährlich, aber es ist für Josef kein Grund, sich nicht für seinen Freund einzusetzen oder es nicht zumindest versucht zu haben.

Ernst-August Schmelter erinnert sich an die Erzählung seines Vaters:

Nun der Schrecken: 1941 hielt Reinhold Friedichs zweimal Predigten, in denen er indirekt das Hitler Regime kritisierte. Zur gleichen Zeit hielt auch unser Bischof Clemens-August einige Male sonntags in der Überwasserkirche und in der Lambertikirche Predigten mit Hitler Kritik. Die Nazis kontrollierten das alles und schalteten sich ein.

Gauhaus am Aasee – Sammlung Stoffers
(Münsterländische Bank – Stadtarchiv)

Ernst-August Schmelter

Wie man nach dem Kriege herausfand, hatte Berlin festgelegt, den Bischof zunächst nicht anzutasten, da man dann im hoch katholischen Münster vor einer Revolte der Bevölkerung Angst hatte. Also wurde als Warnung der Kaplan Reinhold Friedrichs ins KZ verschleppt. Mein Vater war entsetzt und setzte sich mit dem Gauleiter in Verbindung. Als er dann noch einen zweiten Besuch machte, wurde ihm erklärt: „Sollten sie noch einmal in der Sache Friedrichs vorsprechen, so werden auch sie dort landen.“

Mit Freude und Erleichterung erfährt Familie Schmelter nach dem Kriegsende, dass Reinhold Friedrichs das KZ überlebt hat. Noch im Jahre 1945 erhält er die Ernennung zum Domkapitular.

Trauerzug – Beerdigung des Domkapitulars Reinhold Friedrichs 1964
Sammlung Stoffers (Münsterländische Bank – Stadtarchiv)

Nach dem Krieg arbeitet Reinold Friedrichs unter anderem als Polizei-Seelsorger und stirbt 1964 in Münster. Seine Beerdigung findet unter großer Anteilnahme der münsterschen Bevölkerung statt. Ein langer Trauerzug begleitet ihn zur letzten Ruhe auf dem Zentralfriedhof.

Eine Straße in Münster trägt seinen Namen.

Josef Schmelters Neuanfang

In Münster sind Schmelters Wohnung, Fotogeschäft und Labor unwiederbringlich verloren. Ein Neuanfang muss gemacht werden, um die Existenz der Familie zu sichern. Hier beweist Josef Schmelter Kreativität, Verhandlungsgeschick und Vorausschau – und er hat eine glückliche Hand.

Picknick: Maria, Josef und Ernst-August – 1947

Er führt mehrere Gespräche mit Major Hubble vom Military Government am Schlossplatz. Mit Erfolg!

Bereits vier Monate nach Kriegsende erhält Josef Schmelter ein Dokument, das zur Grundlage seiner neuen Geschäftstätigkeit wird. Ihm wird die Aufgabe erteilt, Krankenhäuser, Kliniken und Untersuchungsstationen in Westfalen mit Mikroskopen, Leicas, Projektoren, Röntgenfilmen usw. zu beliefern.

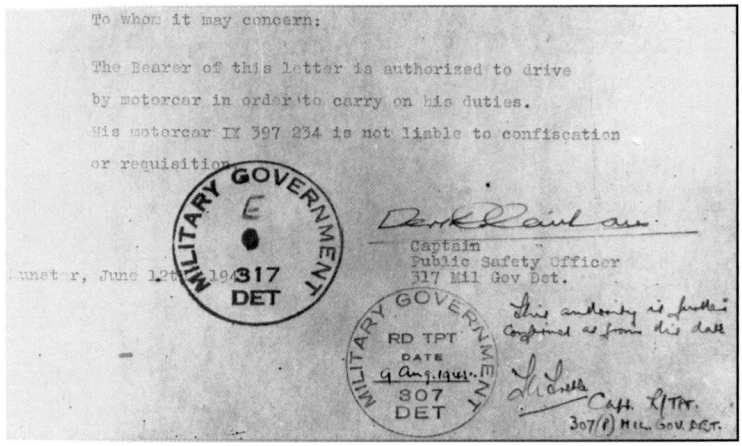

Salzstraße 61 und Josef Schmelters früher Tod

Salzstraße 61

Josef Schmelter baut 1948 das vollständig zerstörte Geschäftshaus Salzstraße 61 wieder auf. Die Geschäftseröffnung ist bereits im Jahre 1949.

Mit der Währungsreform 1948 kommt auch der Handel mit Foto- und Kinoprodukten wieder in Gang.

1953 wird das Haus Hörsterstraße 54 nach dem Grundstückserwerb wieder aufgebaut. In diesem Gebäude finden ein großes Fotolabor sowie die Verwaltung des Geschäftes ihren Platz.

Es sind die ersten Jahre nach dem Krieg. Die Tuberkulose ist eine typische Infektion in dieser Zeit, an der auch Josef Schmelter schwer erkrankt. Er stirbt 1955 mit erst 48 Jahren.

Josef Schmelter gehört der Generation an, die in entbehrungsreicher Zeit mit bewundernswerter Zuversicht und Tatkraft das zerstörte Münster wieder aufbauten.

Inschrift am Josef-Schmelter-Haus Roggenmarkt 11 - Foto Henning Stoffers

Mit der Plakette im oberen Bereich des Einganges erinnert Ernst-August Schmelter mit Dankbarkeit an seinen Vater Josef Schmelter.

Abbildungen, wenn nicht anders angegeben: Ernst-August Schmelter

Geschehnisse aus dem Jahre 1822

Was vor 200 Jahren berichtenswert war, verrät das ‚Amts-Blatt der königl. Regierung zu Münster'. Penibel sind Wetterlagen, Unglücksfälle und Brände aufgeführt. Es kommen aufgegriffene ‚ausländische Vagabunden' nach halbjähriger ‚Sitzzeit' zur Abschiebung über die Grenze. Und wie der Tod eines Menschen festgestellt werden muss, wird bis ins kleinste Detail beschrieben. Bürokratisch regelt eine Tabelle, welche Gebühren für die Benutzung einer Straße anfallen. Und ausführlich beschäftigt sich ein Abschnitt über das Fangen von Mäusen.

Dieser Rückblick führt in eine längst vergessene Zeit.

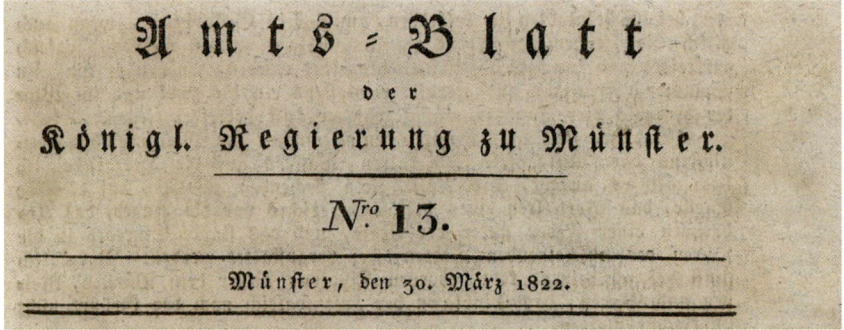

Wegezoll – Vor 200 Jahren: Bürokratie vom Feinsten

Gar nicht selbstverständlich ist in früheren Jahrhunderten die gebührenfreie Nutzung von Straßen. Wegezoll oder Pflastergeld werden eingefordert.

Abkassiert wird an Stadttoren, Zollhäusern, Furten, Straßengabelungen etc. Alte Namen erinnern daran, wie zum Beispiel ‚An 'n Schlagbaum', der Bakenhof an der Roxeler Straße, am Scharfen Eck an der Weseler Straße oder das Alte Zollhaus in Münster-Kinderhaus.

Chausseegeld = Tarif
für eine Meile von 2000 Preußischen Ruthen.

	Silber= groschen.	Pfennig.
1) Frachtwagen oder zweirädrige Frachtkarren, so wie zweirädrige Bauerkarren		
a. beladen, für jedes Pferd oder andere Zugthier » » »	2	—
b. ledig, für jedes Pferd oder andere Zugthier » » »	—	8
Wenn die Räder obiger Frachtwagen und der Karren sechs Zoll und darüber breit sind, so wird für jedes Pferd oder Zugthier bezahlt		
a. beladen » » » » » » » » » » »	1	—
b. ledig » » » » » » » » » » »	—	4
2) Extraposten, Kutschen, zweirädrige Kabriolets und jedes andere Fuhrwerk zum Fortschaffen von Personen, beladen oder ledig, für jedes Pferd » » » » » »	1	4
3) Alle übrigen Fuhrwerke, welche unter obigen nicht begriffen sind, auch von Schlitten mit Pferden oder anderem Zugvieh bespannt		
a. beladen » » » » » » » » » » »	1	—
b. ledig » » » » » » » » » » »	—	4
4) Von einem unangespannten Pferde oder Maulthiere » »	—	4
5) Von einem Ochsen, einer Kuh, einem Esel » » » »	—	2
6) Fohlen, Kälber, Schweine, Schaafe, Ziegen, die einzeln unter 5 Stück geführt werden, sind frei, von je 5 Stück aber	—	2

Alle Fuhrwerke, welche mit Kopfnägeln oder Stiften beschlagen sind, welche 1/2 Zoll und darüber vorstehen, zahlen den doppelten Tarifsatz.

Ein Fuhrwerk, welches nicht den vierten Theil seiner Ladung hat, wird wie ein unbeladenes behandelt.

Viel differenzierter als bei der heutigen LKW-Mautgebühr wird 1822 das ‚Chausseegeld' festgesetzt. Die Höhe der Gebühr ermittelt sich nach vielfältigen Kriterien.

> Alle Fuhrwerke, welche mit Kopfnägeln oder Stiften beschlagen sind, welche 1/2 Zoll und darüber vorstehen, zahlen den doppelten Tarifsatz.
> Ein Fuhrwerk, welches nicht den vierten Theil seiner Ladung hat, wird wie ein unbeladenes behandelt.

Heftig wird um die Festsetzung der Gebühren diskutiert und gestritten worden sein, wenn es zum Beispiel um die Anwendung der folgenden Bestimmung geht: ‚Ein Fuhrwerk, welches nicht den vierten Theil seiner Ladung hat, wird als unbeladenes behandelt.' Gleiches gilt für Kopfnägel oder Beschläge, die einen halben Zoll und mehr an den Rädern eines Fuhrwerkes vorstehen. Ein Zollstock wird ein gefragtes Utensil gewesen sein.

Quintessenz: Alles bis ins Kleinste zu regeln, ist nicht immer hilfreich …

Über die ‚Vertilgung' von Feldmäusen

Vertilgung der Feldmäuse. No. 6914. A.

172) Zur Vertilgung der Feldmäuse bringen wir folgendes bewährt gefundene Mittel zur allgemeinen Kenntniß:

Man fängt die Mäuse in Bohrlöchern, vermittelst eines eigends verfertigten eisernen Bohrers von etwa 1 Fuß Länge, 4 Zoll im Durchmesser, welcher im Querdurchschnitt die Gestalt eines Halbzirkels bildet. Am obern Ende desselben muß ein eiserner, 3 Fuß langer Stiel fortlaufen, oder ein Stiefel angebracht seyn, in den ein eben so langer hölzerner Stiel gesteckt werden kann. Um den Bohrer zu gebrauchen, muß sowohl der eiserne als hölzerne Stiel mit einem Krück- oder Querholz versehen seyn. Das Gewinde unten am Bohrer wird am besten so, wie an den Kammrad-Bohrern der Müller eingerichtet, damit solches besser in die Erde dringe, und damit auch die durch das Bohren gelöste Erde beim Herausziehen des Bohrers nicht wieder in das Loch falle. Mit diesem Bohrer werden in senkrechter Richtung 2 Fuß tiefe Löcher, und zwar nach Maaßgabe der Menge von Mäusen gebohrt. So viel es thunlich, müssen die Bohrlöcher mit den sogenannten Laufgängen der Mäuse in Verbindung stehen, nie aber da angebracht werden, wo die Mäuse ihre Eingangslöcher haben. Je glatter und perpendiculärer die Bohrlöcher sind, desto zuverlässiger fangen sich die hereinlaufenden Mäuse, wenn täglich wenigstens dreimal nachgesehen, und die Mäuse mit einem spitzen etwa mit einem Wiederhaken versehenen Stock getödtet und herausgeholt werden.

Sollten die Mäuse die ältern Bohrlöcher wegen des zurückgebliebenen Geruchs vermeiden, so werden diese zugeworfen, und neue angelegt.

Jeder geschickte Schlösser ist im Stande diese Bohrer anzufertigen. Der hiesige Schlössermeister Bernhard Moß auf der Sandstraße will solche, mit Stahl versehen, für 1 Rthlr., ohne Stahl, für 25 Silbergr. 4 Pf. liefern. Münster, den 30. Juli 1822.

Bis in die heutige Zeit gefährden Feldmäuse die Getreideernten. Man spricht von der Nagerinvasion, von fetten Mäusen und kahlen Feldern. Sogar die Landwirtschaftsministerien schalten sich ein.

Vor 200 Jahren war die Situation nicht viel anders als heute. Das Amtsblatt verrät ein probates Mittel, wie man sich der kleinen Nager entledigen kann. Sprachlich wird von der ‚Vertilgung' gesprochen, was heute eine andere Sinnhaftigkeit hat. Wenigstens dreimal täglich solle man nachschauen, ob Mäuse in der Röhre gefangen sind, um sie dann grausam zu töten.

Ausweisung von ‚Vagabunden'

233) Die umstehend verzeichneten ausländischen Vagabunden sind nach Landes-Verordnungen. einer halbjährigen Sitzzeit im Landarmenhause zu Benninghausen über die weisungen. Grenze transportirt worden. 8846. A.

Münster, den 9. October 1822.

Zu den Vagabunden – also Menschen ohne festen Wohnsitz – gehörten Randgruppen der Gesellschaft. Meistens waren es Gaukler, Bärenführer, Artisten, Jenische, Sinti und Roma.

Die 19 nachstehenden ‚ausländischen' Vagabunden wurden an verschiedenen Orten aufgegriffen, festgenommen und nach einer halbjährigen ‚Sitzzeit' im Landarmenhaus des Landes verwiesen. Man notierte genauestens die individuellen Personenmerkmale, Geburtsort, Konfession, etc. Die jüngste Person war 13, die älteste 90 Jahre alt. Bei einigen Personen sind ‚Kennzeichen' angegeben, zum Beispiel das Beisein eines dreijährigen Knaben bei einer Frau, ein Mann ist ‚ganz blind' und hat einen gebrochenen Arm, ein anderer ist gezeichnet von Blatternarben.

Welche Schicksale sich mit diesen Menschen verbinden, und was aus ihnen geworden ist, werden wir nicht mehr erfahren. Geblieben ist bis heute das Instrument der Ausweisung/Abschiebung.

Name und Geburts- ort der ergriffenen Landstreicher.	Aufenthaltsort.	Religion.	Alter.	F.Z. Größe.	Haare.	Stirn.	Augenbraun.	Augen.	Nase.	Mund.
Johann Gosmann aus Höchst bei Frank- furt a. M.	arretirt in Mün- ster	katholisch	45	5 — 2		breit	schwarz	blau	dick	mittler
Wilhelm Benticus aus Minden.	arretirt in Dren- steinfurt	evangel.	26	5 — 2	dun- kelbld.	hoch	dun- kelbld.	grau	klein	ge- wöhnl.
Katharina Benticus aus Aplerbeck im Kreise Dortmund.	arretirt in Dren- steinfurt	katholisch	23	5 —	dun- kelbld.	hoch	dun- kelbld.	blau	mittler	mittler
Peter Müller aus Crakau in Pohlen.	in französ. Dien- sten.	katholisch	28	5 — 6	schwarz u. fra.	be- deckt	schwarz	grau	spitz	klein
Franz Holzaufderhei- de aus Benrode bei Heiligenstadt.	arret. in Dahlhau- sen Kr. Höxter	katholisch	90	5 — 3	greis	breit	greis	blau	mittler	klein
Dorothea Holzauf- derheide aus Göttin- gen in Sachsen.	arretirt in Dahl- hausen	evangel.	68	4 — 6	greis.	breit	braun	blau	spitz	mittler
Levi Abraham aus Amsterdam.	arretirt in Her- ford	jüdisch	23	5 — 5	schwarz	ge- wölbt	schwarz braun	dunkel bogen	dickge- bogen.	dick- klein
Dietrich Entemann aus Lübbeke.	im Holländischen	evangel.	40	5 — 2	schwarz braun	be- deckt	schwarz braun	grau	etwas dick	ge- wöhnl.
Elisabeth Suckou aus Wansdorf im Han.	Minden	evangel.	50	5 —	dun- kelbld.	hoch	braun	blau	breit	breit
Doroth. Bornemann aus Bückeburg.	Herford	evangel.	25	5 — 2	hell- braun	hoch	blond	grau	spizein	aufge- worfen
Anton Walter nicht ausgemittelt	Hopsten	katholisch	38	5 — 4	blond	be- deckt	blond	blau	klein	ge- wöhnl.
Salomon Kax aus Amsterdam.	arretirt in Her- ford	jüdisch	17	5 — 5	hell- braun	frei	braun	braun	stumpf	ge- wöhnl.
Aron Abraham aus Ermitte.	arretirt in Her- ford	jüdisch	13	5 — 4	schwarz	hoch	schwarz	schwarz	ge- wöhnl.	ge- wöhnl.
Wilhelm Wierwille aus Ladbergen.	Ladbergen	evangel.	65	5 — 8	graue	frei	braun	blau	dick	ge- wöhnl.
Christian Schmidt a. Schwerden.	arretirt in Her- ford	evangel.	36	5 — 9	schwarz	niedrig	dunkel- braun	blöde.	stark dick	ge- wöhnl.
Haro Salomon aus Amsterdam.	arretirt in Her- ford	jüdisch	22	5 — 4	schwarz	hoch	schwarz	schwarz	ge- wöhnl.	ge- wöhnl.
Katharina Gerbig a. Salzbergen im Fuld.	arretirt in Berle- burg	katholisch	31	4 — 10	braun	ge- hell	braun	braun	klein	ge- wöhnl.
Leonhard Treiber aus Stuttgard.	Schwerte in der Gemark	evangel.	35	5 — 5	schwarz	hoch	schwarz	blau	spitz	mittler
Joh. Friedr. Warne- ke aus Hamburg.	Herford	evangel.	47	5 — 4	braun	breit	braun	blau	spitz	mittler

Über die Feststellung des Todes

Zitat: „Um das Lebendigbegraben zu verhüten und die Rückkehr zum Leben von Scheintoten zu befördern ..."

Bis ins 19. Jahrhundert und darüber hinaus gab es die nicht unbegründete Angst, lebendig beerdigt zu werden. Eine Urangst, die auch heute noch bei einigen Menschen besteht.

Es gab Berichte über Graböffnungen, bei denen Kratzspuren an den Innen- seiten der Sargdeckel festgestellt wurden, die offensichtlich von den Beerdigten stammten. Und auch andere Indizien wiesen darauf hin, dass beerdigte Menschen noch gelebt hatten und qualvoll erstickt waren.

Um solchen tragischen Schicksalen entgegenzuwirken, wurden entsprechende Gesetze und Verordnungen erlassen, wie zum Beispiel diese hier vorgestellte Veröffentlichung. Ziel ist es, aufzuklären und klare Regelungen zu schaffen, wie in einem Todesfall vorzugehen ist. Als Kernregelung kann die verbindlich festgelegte Zeitspanne zwischen Tod und Beerdigung betrachtet werden.

> Verordnungen und Bekanntmachungen
> der Königlichen Regierung.
> 70) Es ist bemerkt worden, daß mit dem Beerdigen Verstorbener Das Begrab.
> nicht vorsichtig genug verfahren wird. der Todten

„*Es ist bemerkt worden, daß mit dem Beerdigen Verstorbener nicht vorsichtig genug verfahren wird.*" So lautet der einleitende Text dieser Verordnung. Und so wird festgelegt, dass bei einer vorzeitigen Beerdigung ein Arzt den Tod bescheinigen muss:

> Die vorgeschriebene Zeit von dem Verscheiden bis zur Beerdigung kann in solchen Fällen abgekürzt werden, wo ein approbirter Arzt nach vorgenommener Besichtigung und Untersuchung der Leiche attestirt, daß der Tod wirklich vorhanden und in polizeilicher Hinsicht die frühere Beerdigung nöthig sey. Münster den 7. März 1822.

Der folgende Abschnitt enthält Empfehlungen zur Wiederbelebung. So soll zum Beispiel eine Feder unter die Nase gehalten werden oder laut in die Ohren gesprochen werden:

> In dieser Zeit müssen unter den Versuchen zur Wiederbelebung wenigstens das Auftröpfeln des kalten Wassers auf die Herzgrube, so hoch als es angeht, das Auftröpfeln kochenden Wassers auf dieselbe Stelle, das Vorhalten eines brennenden Lichts vor die Augen, das Abbrennen einer Feder unter der Nase, und das starke Einreden in die Ohren des anscheinenden Todten öfter veranstaltet werden. Vorzüglich muß bei anscheinend todt gebornen Kindern, außer dem Bürsten, Reiben und Baden, das Einblasen der Luft sogleich nach der Geburt nicht unversucht bleiben.

Bleiben die empfohlenen Maßnahmen erfolglos, wird die Leiche je nach Jahreszeit ein bis drei Tage in einen Sarg gelegt, der nicht verschlossen wird:

> Finden sich nach diesen Versuchen keine Zeichen des Lebens, so ist die Leiche in einem offenen Sarg unter gehöriger Aufsicht in kühler Luft hinzustellen und dann im Frühjahr, Sommer und Herbst, etwa noch einen oder zwei Tage, im Winter aber zwei bis drei Tage liegen zu lassen, da sich dann die ersten Zeichen der wirklich allgemeinen Fäulniß zeigen werden, welche nur allein die Gewißheit des Todes geben.

Anzeichen des Todes sind die folgenden Merkmale:

> 1) der eigenthümliche wahre Leichen=Geruch,
> 2) das Zusammenfallen der Hornhaut oder des durchsichtigen vordern Theils des Auges;
> 3) das Herausfließen fauler Säfte aus den größern Oeffnungen des Körpers;
> 4) das gräuliche oder grünschwärzliche Auflaufen des Unterleibes;
> 5) das Abgehen des Oberhäutchens an mehreren Stellen des Körpers nebst dem matschigen (gleichsam breyartigen) Anfühlen der Haut und der übrigen festen Theile.

Über Wetter, Krankheiten und Unglücksfälle

Wenn wir den Bericht für den September 1822 lesen, sind wir doch erstaunt, wie wenig sich die Dinge im Vergleich zur heutigen Zeit geändert haben. Lediglich die Ausdrucksweise der Sprache wirkt etwas antiquiert.

Ausführlich wird über das Wetter des Monats September 1822 berichtet. Der Ostwind ist warm und trocken. In der 2. Monatshälfte bringt der erwünschte Regen für die Wintersaat gute Voraussetzungen.

Im Münsterland sind Menschen von einer anhaltenden Scharlacherkrankung betroffen. In einem Dorf wird ein bösartiges Nervenfieber (heute Bauchtyphus) festgestellt, und einige Ruhrerkrankungen werden vereinzelt vermerkt.

Auch von Unglücksfällen wird berichtet: der Brand eines Hauses, ein Kind ertrinkt in einer Mistpfütze, ein anderes wird von siedender Milch verbrüht, ein drittes stirbt durch einen Wurf, ein Mann fällt von einem Boden und stirbt, ein anderer wird von einem Straßenräuber getötet, und ein depressiver Bauer erhängt sich.

Vermischte Nachrichten aus dem Regierungsbezirke Münster vom Monat September 1822.

Witterung. 225) Die Witterung war anhaltend warm und trocken, bei vorherrschendem Ostwind; erst in der zweiten Hälfte des Monats brachten einige Tage den für die Bestellung der Wintersaat erwünschten Regen. In der Nacht vom 14. auf den 15. hat es etwas, stärker in den Nächten vom 21. und 28. gereift. — In Münster war des Barometers höchster Stand den 19. Mittags 28" 2''', 7. niedrigster St. den 25. Morgens 27" 3''', 9. mittler Stand aus 90 Beob. 27" 11''' 943. Des Thermometers höchster Stand den 6. Mittags + 21°, 5. niedrigster Stand den 28. Morgens + 2°, 5. mittler St. aus 90 Beob. + 10°, 366. Hygrometer, am feuchtesten den 25. Morgens 79° am trockensten den 15. Mittags 42° mittler Stand aus 90 Beob. 58°. Verdampfung 3 3. 1£. Inclinatorium variirend zw. 70° und 70° 10. Masse des Regens 10''' 6. — Ganz heiter waren 4, ganz bedeckt 2, und vermischt 24 Tage.

Gesundheitszustand. In der Stadt Münster und in einigen Gemeinden der Kreise Münster, Warendorf, Beckum und Steinfurt dauerte das Scharlachfieber fort. Im Dorfe Greffen war ein bösartiges Nervenfieber ausgebrochen. Die hin und wieder bemerkte Ruhrkrankheit ist nicht epidemisch.

Unglücksfälle. Ein Haus und zwei Schoppen sind abgebrannt. Ein Kind von 2½ Jahren ist in einer Mistpfütze ertrunken, ein anderes von siedender Milch verbrannt, ein drittes von einem Wurfe tödtlich getroffen. Ein Mann ist vom Boden zu Tode gefallen. Von der Hand eines Straßenräubers ist ein Eingesessener im Kreise Borken getödtet worden. Ein Landmann, von Schwermuth befallen, hat sich erhenkt.

Und auch dies geschieht im Jahre 1822: Ein junger Mann betrinkt sich und stirbt durch den übermäßigen Alkoholgenuss. Dieses Phänomen existiert heute unter der Bezeichnung ‚Komatrinken‘.

Ein junger Landmann aus dem Coesfelder Kreise fand seinen plötzlichen Tod durch eine unsinnige Wette, indem er sich bei einer Lustbarkeit anheischig machte, in einigen Stunden ein Maaß Branntwein zu trinken. Wahrscheinlich schon früher berauscht, hatte er kaum die Hälfte jener Quantität genossen, als er niederstürzte und bald nachher starb.

Kleines Schlusswort

In den letzten 200 Jahren brachte die stürmische Entwicklung der Forschung und der Wissenschaft viele neue Erkenntnisse und große Fortschritte für das

Leben der Menschen. Dennoch täuscht dies nicht darüber hinweg, dass die damaligen Probleme und Lebensschicksale durchaus Ähnlichkeit mit denen der heutigen Zeit haben. Zwar lassen sich heute viele Krankheiten heilen, auch der Tod kann eindeutiger festgestellt werden, aber Ängste und Nöte sind geblieben.

Kleines Vorwort

*Berti Schulte-Wintrop geb.
Bunsmann (1891-1969)*

Berti Schulte-Wintrop geb. Bunsmann wird in
Münster geboren. Sie führt Tagebuch und hat die
Erinnerungen an ihre Zeit in Münster im Tage-
buch Nr. 1 festgehalten.

Berti schreibt über die große Liebe ihres Lebens,
von den Dingen des Alltags und über die Kriegsjahre des 1. Weltkrieges und dem Kriegsende in
Münster. Ergreifend ist ihre hier wiedergegebene
Schilderung über das Sterben ihres geliebten Vaters, der als angesehener Arzt in Münster seinen
Beruf ausübte.

Frau Dr. Jutta Schlia-Zimmermann, Enkelin von Berti, hat
mit großem Zeitaufwand den
umfangreichen Text transkri-
biert und das Bildmaterial zur
Verfügung gestellt. Ich danke
ihr sehr herzlich.

Eine Seite des handschriftlichen Manuskripts

Berti Bunsmann – Der Tod meines Vaters

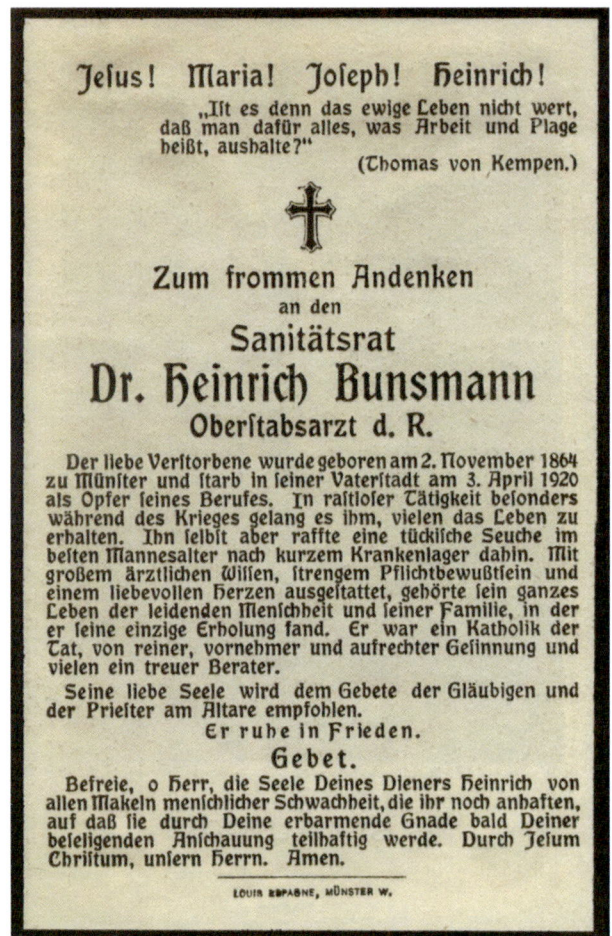

Jesus! Maria! Joseph! Heinrich!

„Ist es denn das ewige Leben nicht wert,
daß man dafür alles, was Arbeit und Plage
heißt, aushalte?"

(Thomas von Kempen.)

✝

Zum frommen Andenken
an den
Sanitätsrat
Dr. Heinrich Bunsmann
Oberstabsarzt d. R.

Der liebe Verstorbene wurde geboren am 2. November 1864
zu Münster und starb in seiner Vaterstadt am 3. April 1920
als Opfer seines Berufes. In rastloser Tätigkeit besonders
während des Krieges gelang es ihm, vielen das Leben zu
erhalten. Ihn selbst aber raffte eine tückische Seuche im
besten Mannesalter nach kurzem Krankenlager dahin. Mit
großem ärztlichen Wissen, strengem Pflichtbewußtsein und
einem liebevollen Herzen ausgestattet, gehörte sein ganzes
Leben der leidenden Menschheit und seiner Familie, in der
er seine einzige Erholung fand. Er war ein Katholik der
Tat, von reiner, vornehmer und aufrechter Gesinnung und
vielen ein treuer Berater.

Seine liebe Seele wird dem Gebete der Gläubigen und
der Priester am Altare empfohlen.

Er ruhe in Frieden.

Gebet.

Befreie, o Herr, die Seele Deines Dieners Heinrich von
allen Makeln menschlicher Schwachheit, die ihr noch anhaften,
auf daß sie durch Deine erbarmende Gnade bald Deiner
beseligenden Anschauung teilhaftig werde. Durch Jesum
Christum, unsern Herrn. Amen.

LOUIS ESPAGNE, MÜNSTER W.

Wenn ich den gedruckten Totenzettel sehe, dann kann ich es eher glauben, daß unser lieber guter Vater gestorben ist. Vor mir steht auf dem Tisch sein Bild, das schöne ernste Gesicht, das mir so unendlich viel zu sagen hat.

Ich will heute über Vaters letzte Tage berichten; doch muß ich mich kurzfassen, damit der Schmerz mich nicht zu sehr erfasst. Aufregungen, deren ich sowieso letzthin genug gehabt habe, können dem Kinde schaden.

Es war Ende April, gerade 1 Woche vor Vaters Todestag, als morgens hier eine Karte anlangte, die von einer Grippeerkrankung Vaters sprach. Sie war möglichst harmlos abgefasst, und doch hatte ich gleich das Gefühl nahenden Unheils und mußte weinen. Nach einer Viertelstunde kam das Telegramm: Vater an Lungenentzündung erkrankt. Kommen erwünscht. – Der Zug nach Kassel war längst fort. Sonntags fuhren keine Züge. Wir hätten erst am folgenden Montag fahren können, wenn Onkel Edmund und Tante Maria uns nicht im Auto bis Marburg gebracht hätten, wo wir den Zug noch erreichten. Die Fahrt war schrecklich. Zu unserer größten Freude aber trafen wir Vater bei leichter Besserung an. Der vorhergehende Tag (Freitag) war schlecht gewesen. Auf seinen eigenen Wunsch hatte Vater aus Pater Felix Hand die Hl. Wegzehrung erhalten und seine Kommunion für Hermann Dieckmanns Rückkehr zum Glauben aufgeopfert. Wir durften Vater am Samstag noch nicht sehen.

Dr. Heinrich Bunsmann in seinem Auto, welches damals eines der Wenigen in Münster war. Auf dem Schoß hat er den Hund Bob.

Sonntagmorgen rief Mutter uns, nachdem sie ihn kurz vorbereitet hatte, an sein Lager. Ein schnelles Erschrecken und Erbleichen flog trotzdem über sein schmal gewordenes liebes Gesicht, als er mich sah. Da habe ich ihm zum letzten Mal im Leben einen Kuß gegeben. Vater lag seit dem Dienstag zu Bett. Am Montag hat er noch mit hohem Fieber einen Besuch beim Müller Deipenbrok in Roxel gemacht. Wie August, der Chauffeur, uns nachträglich erzählte, hat er das Auto mitten auf der Landstraße einmal halten lassen. Er konnte es vor Fieber und Herzklopfen nicht mehr darin aushalten und ist draußen im Wind auf und abgegangen. „sagen Sie zu Hause nichts davon" hat er gesagt. Und August hat es natürlich aus Gehorsam verschwiegen. Dr. Kampschulte, ein junger Arzt, der im Kriege Vaters Assistent im Lazarett war und zufällig in Münster weilte, war dann der Vertreter. Behandelt worden ist Vater von Dr. Birkenbach, einem tüchtigen Spezialisten. Aber auch seine Freunde kamen anfangs häufig. Später als es schlimmer wurde begnügte man sich mit mündlichen und telefonischen Anfragen, die wir Mühe hatten, alle zu beantworten.

Dr. Bunsmann impft einen Schüler

Am Sonntag durfte ich noch öfter bei Vater sein. Ich erzählte ihm von Fritzlar und von dem Putsch im Ruhrrevier, der ihn sehr interessierte. „Was macht die Politik?", fragte er anfangs noch häufig! Am Montag kam Pia mit der kleinen 3 Wochen alten Lieselotte. Pia hat Vater nicht mehr sehen dürfen. Dem kranken Herzen, das durch die maßlosen Anstrengungen der letzten Jahre abgesetzt war, durfte man eine solche Anstrengung jetzt nicht mehr zumuten. Pia hat mir sehr leidgetan; aber sie hat es mit großer Geduld getragen. Wir hatten immer noch Hoffnung. Dienstag fuhr Carl wieder nach Fritzlar, weil die Arbeit dringend rief. Er kam aber wegen der Unruhen nur bis Hamm. Mittwochmorgen fuhr er wieder fort und erreichte glücklich Fritzlar.

Ich durfte nun Vater abwechselnd alle 4 Stunden mit Mutter pflegen. Die Schwester war zwar auch immer da, aber er hatte zu uns gesagt: „Einer von Euch muß immer bei mir bleiben". So saßen wir denn immer bei ihm; oft auch zusammen. Er hielt unsere Hände, wir wischten ihm den Schweiß ab, richteten ihn auf, gaben ihm zu trinken und versuchten alles, ihm das Leiden zu erleichtern. Das Atmen wurde ihm furchtbar schwer.

Am schlimmsten waren immer die Mittagsstunden. Dann mußten die Fenster weit geöffnet werden und wir mußten seine erhobenen Arme stützen, damit er Luft bekommen könnte. Trotz seiner Schmerzen fragte er immer nach, wie es uns ginge, drückte uns die Hände, legte den Arm um uns und war um alles besorgt.

Am Dienstagnachmittag wünschte er mich allein zu sprechen. Ich mußte den Schlüssel zu seinem Schreibtisch holen, und einen Brief an mich sowie einige Fotografien herausnehmen. Der Brief war im Nov. vorigen Jahres geschrieben aber nicht abgeschickt worden, weil Vater mittlerweile, wie auf dem Umschlag stand, von meinem Zustand erfahren hatte. Er ist verbrannt worden. Als ich es Vater mitteilte war er beruhigt. Er sagte mir unter anderem: seitdem Pia als Erste und besonders Du als Zweite weggegangen sind ist eine große Lücke entstanden. „Da habe ich durch verdoppelte Arbeit mich betäuben wollen –, Mutter ist doch viel besser gewesen als ich gedacht habe"

„Ist Carl immer noch so gut zu Dir?" Darauf antwortete ich: „Ja, Vater, er könnte gar nicht besser sein." Worauf er sagte: „ Das ist ein großes Glück für Dich". Oft empfahl er Mutter und mir die Jüngeren an, indem er sprach: „Sorgt für die Kleinen!" Oder: „Wo ist Franz? Ist er auch immer unter Aufsicht? Daß er nur nicht in schlechte Umgebung kommt!" Wir haben ihn immer beruhigt und gesagt, daß wir für alles sorgen wollten.

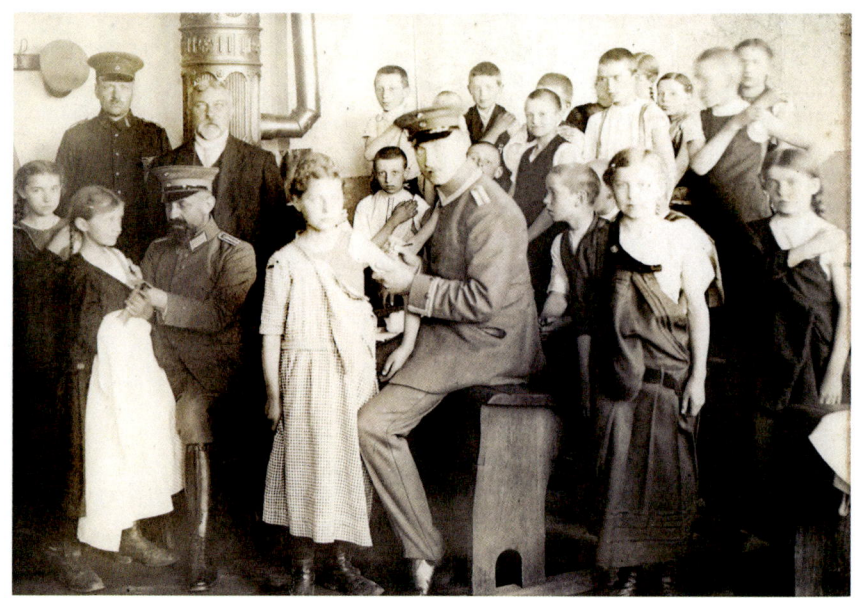

Impfung einer Schulklasse

Oft war er noch ganz witzig und brachte uns und die Schwester zum Lachen. Wenn er seine Knie hochgezogen hatte, so meinte er, in den Falten der darüber liegenden Steppdecke ein grinsendes Judengesicht zu sehen. Als überzeugter Antisemit packte er in heiligem Zorn die Fratze mit den noch immer kräftigen Händen. „Du hast immer die richtige ‚Kältemischung'", meinte er, meine Hand haltend einmal. Am Gründonnerstag Mittag betete er laut und deutlich:

„Liebster süßester Heiland, wenn Du weißt, daß mein Leben unnütz ist und daß ich nicht mehr auf Erden wandeln soll, so nimm mich doch bald zu Dir."

Ein andern Mal, als er auch große Schmerzen hatte: „Gib mir etwas gegen die Schmerzen, damit es eher zu Ende geht; aber das darf ich als Katholik ja gar nicht sagen."

Seinem Bett gegenüber hing das große schöne Kruzifix. Es war sein Trost und Halt. Noch sehe ich seine Augen mit rührender Hingebung und dann wieder wie beschwörend daran hängen. Einmal zeigte er darauf mit den Worten: „Das müsst ihr immer in Ehren halten."

Berti bei einer Kahnfahrt

Je näher der Karfreitag kam, desto öfter fragte er danach. Ich glaube er dachte, es wäre sein Todestag. Beinah ist es ja auch so gewesen. Jedenfalls ist es der Tag seines Todes leider gewesen. Ich habe ihm den Karfreitag verschwiegen und gesagt, es sei schon Karsamstag, was er auch glaubte. Auch die Mittagsstunden gegen 3 Uhr, als unser Herr am Kreuze starb, wollte er immer genau wissen. Manchmal, besonders nach beruhigenden Einspritzungen träumte er und sprach ruhig vor sich hin. So sagte er, wohl in Erinnerung an die Fritzlarer Reise im vorigen August: „Das schöne alte Fritz-lar! Hat so viele gute und schlechte Tage gesehen". Mitten in der Nacht setzte er sich einmal aufrecht und sprach im Befehlston: „Nie eine Krankheit verschleppen! Immer gleich zum Arzt gehen." Dann grüßte er einmal militärisch und winkte freundlich den Gegengruß ab. Das schreckliche harte Röcheln, das immer mehr zunahm, störte ihn sehr und machte ihn aufgeregt. Als es ihm zu arg wurde rief er, auf seinen Hals zeigend, im militärischen Ton: „Jetzt Ruhe!" – Aber es hörte und hörte nicht auf. „Was für ein Wort muß ich nur immer sagen?", fragte er mich dann. Das Wort hieß wohl „Leiden, Leiden, Leiden." – „Jetzt kann ich sehen, was dieser arme Umbach gelitten hat", meinte er. Umbach war ein Patient von Vater, der auch Grippe hatte. Er ist aber wieder durchgekommen.

So kam der Karfreitag heran. Geweint habe ich nicht mehr in den letzten Tagen. Es war mir nach einem Blick auf das Kreuz sogar oft möglich, Vater an zu lachen. Er fühlte den Tod kommen. Am Morgen mussten wir ihn schön machen und kämmen. Er half selbst dabei, trocknete sich ab, kämmte seinen Bart und ordnete alles an. Dann mußten wir ihm ein reines Hemd anziehen. Vater war nicht nur im Leben sondern auch noch in den letzten Stunden von peinlichster Sauberkeit und Ordnung. Mit Pater Felix, den ich geholt hatte, hat er dann noch morgens gebetet. Die Herzschwäche wurde immer größer. Man gab ihm Linderungsmittel, die ihm die schweren Nachmittagsstunden erträglich machten. Beim Einnehmen sagte er lächelnd zur Schwester, indem er auf mich zeigte: „Das gönnt sie mir nicht. Das Kind hat immer so gern Medizin genommen." Dann bestimmte er noch allerlei kleinere Angelegenheiten für den Fall seines Todes, z.Bsp. sollte Dr. Beckmann sein letztes Benzol haben u. ähnliches. Als er sich wohler fühlte, machte er auch wieder Zukunftspläne und Scherze. Er sah links und rechts vom Kreuz vier Fratzen, die sich bewegten, und als ich auf sein Befragen sagte, daß ich sie auch sähe, meinte er lächelnd zu den anderen: „Komisch daß Berti sie auch sieht." Und zu mir darauf: Weißt du Berti, es ist aber doch nur Täuschung. Es kommt von der Tapete."

Dann sah er ein Stachelschwein. Es ängstigte ihn, und ich riet ihm die Augen zu schließen. Er tat es, aber es war noch da, als er sie wieder öffnete. Da bin ich hingegangen und habe gesagt, ich wollte es totmachen. Ich brauchte nur einige Male die Gardine zu bewegen, da war er zufrieden.

Sein Blick war fast immer auf das Kreuz gerichtet: „Der Heiland blutet immer mehr, seht ihr das nicht?", sprach er Freitagnachmittag zur Schwester und mir.

Er nahm noch allerlei zu sich und führte selbst den Löffel zu Munde. Unseretwegen hat er sich immer noch zur Nahrungsaufnahme gezwungen, wenn es ihm auch fast unmöglich war. Am Spätnachmittag kam kalter Schweiß, die Hände wurden ganz kalt und naß. „Das ist der Todesschweiß. Ich kenne das", sagte er mir. Mutter und ich wischten ihm mit einem weichen Tuch immer wieder die Tropfen von Gesicht und Händen. Er fühlte die Kälte kommen und bat, den Ofen anzuzünden. Ich sehe noch Mutter in Jammer und Elend vor dem alten runden Ofen knien und mit Torf ein helles Feuer anzünden. Der Tod, der schon so nahe war, ging noch einmal vorüber. Langsam wurden Vaters Hände wieder wärmer und es war, als wenn seine alte Kraft noch einmal sich zeigen wollte. Er wollte nicht mehr im Bett bleiben. Wir mußten seinen Anzug holen und ihn anziehen. Er setzte sich auf den Bettrand gestützt auf uns, ganz erschöpft von der Anstrengung. Als er wieder ins Bett gehoben wurde, nach dem wir ihm den Anzug wieder ausgezogen hatten, mußte ich an die Grablegung Christi denken. Zweimal mußten wir ihn noch aus dem Bett heraushelfen und sogar einen Sessel holen, auf den wir ihn setzten. Das letzte Mal war es schon tief in der Nacht. Ich hatte Mutter und die anderen, die sich etwas gelegt hatten, herangeholt. Auch die beiden Dienstboten waren jetzt im Zimmer. Ob Vater Pia noch erkannt hat, weiß ich nicht. Er sah oft aufmerksam nach der Richtung, wo sie stand. August hielt seine Füße. Wir alle suchten ihm zu helfen, ihn zu stützen und zu wärmen. Dann wurde er schwächer, und die Augen begannen zu brechen. Mutter sagte: „Jetzt geht es dir immer besser, Vater!" – „Immer besser", wiederholte Vater. Das letzte, was er deutlich sprach, fast rief, war „Franz!" Da kam Franz an seine Seite und hielt seine Rechte lange fest und links war Mutter. Die Schwester begann mit den Sterbegebeten, und die Sterbekerze wurde angezündet. Vater hielt den Rosenkranz umklammert, den ihm Pater Omnipotenz nach der schweren Krankheit geschenkt hatte und an dem er im letzten Jahr jeden Abend ein Gesetz gebetet hatte.

Das Röcheln wurde stärker. Dann kam es nur noch stoßweise. Schließlich war der letzte Atemzug getan.

Ich muß ganz kurz berichten. Die Erinnerung regt mich furchtbar auf.

Die Schwestern und die Männer machten Vater dann zurecht. Als wir ihn dann wiedersahen, lag er schön und friedlich wie ein toter Hl. Franziskus in seinem Bett. Als ich im Morgengrauen allein bei ihm war, habe ich immer gerufen: „Väterchen, Väterchen" und gedacht, er würde wieder wach. Es blieb so unheimlich still. Seine Hände blieben lange warm. Ich habe sie noch oft in den 3 Tg. mit den meinigen bedeckt und einmal auch noch mit großer Ehrfurcht das liebe Gesicht geküßt. Aufgebahrt wurde Vater im Wartezimmer, aber ohne viele schwarze Tücher und Verdunklungen. Pia hatte ihn wunderschön geschmückt mit weißen Blüten von den Birnbäumen, die er selbst gepflanzt und unter denen er so manche Stunde ruhend, lesend und in froher Runde zugebracht hatte. Zu seinen Häupten war ein in Silber getriebenes altes Muttergottesschild der 24er Bruderschaft, der Vater und Mutter angehörten, aufgestellt. Im Schein der dicken gelben Wachskerzen sah es inmitten des Grüns und der Blumen wunderschön aus. Ich glaube, Vater hätte Spaß gehabt an dem alten schönen Schild.

Die Grabstätte auf dem Zentralfriedhof

Redaktionelle Anmerkung
Berti Bunsmann ist geprägt von einem konservativ-katholischen Elternhaus mit religiös motiviertem Antisemitismus. Dies wird in einigen Passagen des ungekürzten Gesamtdokumentes erkennbar.

Es ist naheliegend, dass Dr. Heinrich Bunsmann an der damals grassierenden Spanischen Grippe erkrankt und verstorben ist.

Mitte Berti Bunsmann im Alter von 76 Jahren, links Tochter Pia Schlia
(Mutter von Dr. Jutta Schlia-Zimmermann),
rechts Sohn Dr. Heinrich Schulte-Wintrop (Oberstarzt)

Zum Ende des 1. Weltkrieges wird die Welt von der Spanischen Grippe heimgesucht. Die Pandemie erreicht Münster. Hierüber schreibt Münsters Stadtarchivar Dr. Eduard Schulte in seiner Chronik:

11. Oktober 1918
Die ‚Spanische Krankheit' trat, nachdem sie im Sommer bereits geherrscht hatte, im Herbst so heftig und allgemein auf, dass der größte Teil der Bürgerschaft mehr oder minder stark grippekrank ist. Die Hospitäler sind überfüllt. Täglich müssen 8-10 Kranke am Clemenshospital abgewiesen werden. Zahlreich sind Lungenentzündungen, häufig der Tod die Folge der Grippe.

14. Oktober 1918
Im ganzen Reich tritt die Grippe auf, vielfach mit Rippenfell- und Lungenentzündung, häufig mit tödlichem Ausgang. Die Krankenwagen fahren hier ununterbrochen. Die Hospitäler sind überfüllt, die Ärzte und Pfleger über-

*beschäftigt. Jedes Haus, jede Familie hat Grippekranke. Manche Bauern-
höfe, Häuser, Büros, Geschäfte sind gänzlich geschlossen, weil alle Betei-
ligten krank sind. Die Postbestellung mußte auf zwei Botengänge täglich
beschränkt werden. Man spricht von einer ‚Lungenpest‘ und erzählt sich, die
Toten würden schwarz.*

1897 – Was Menschen bewegte

Motto: Män hier nich upmucken!

1897 erschien ein kleines Programmheft, in dem die einzelnen Wagen des Karnevalsumzuges aufgeführt sind. Die liebevoll gestalteten, detailreichen Abbildungen zeichnete der Bildhauer Fritz Ewertz (1860-1926). Heinrich Gößmann reimte die Texte.

Damit sich auch alles finanziell trägt, hatten Restaurants, Gaststätten und andere Firmen Werbung in das Heft platziert. Dieses geschah natürlich nicht ganz uneigennützig, denn man versprach sich dadurch höhere Umsätze während der Karnevalstage.

Über das Sessionsmotto

Das Sessionsmotto ,Män hier nich upmocken!' stand im engen Zusammenhang mit dem gerade anderthalb Jahre zurückliegenden ,Bierkrieg'. Die Bürger hatten gegen die Obrigkeit wegen der Einführung der Polizeistunde aufgemuckt – mit Erfolg. Gut in der Erinnerung hatte die katholisch geprägte Bevölkerung auch den mehr als ein Jahrzehnt zurückliegenden ‚Kulturkampf', in dem man sich gegen die preußische Regierung wehrte.

In dieser Stimmungslage traf das Motto genau ins Schwarze.

Ist die gasbetriebene Straßenbahn geruchslos?

Für den innerstädtischen Nahverkehr konnte seit einigen Jahren der Pferde-Omnibus von Heinrich Hagenschneider genutzt werden. Als dann über die Einführung der Straßenbahn diskutiert wurde, stellte sich die Frage, ob sie elektrisch oder mit Gas betrieben werden sollte. Dabei hatten die Karnevalisten die Sorge, dass der Gasmotor nicht vollständig geruchlos sei.

Auf dem Jauchefass sitzen übrigens Männer und Frauen streng getrennt voneinander – der Sittlichkeit wegen …

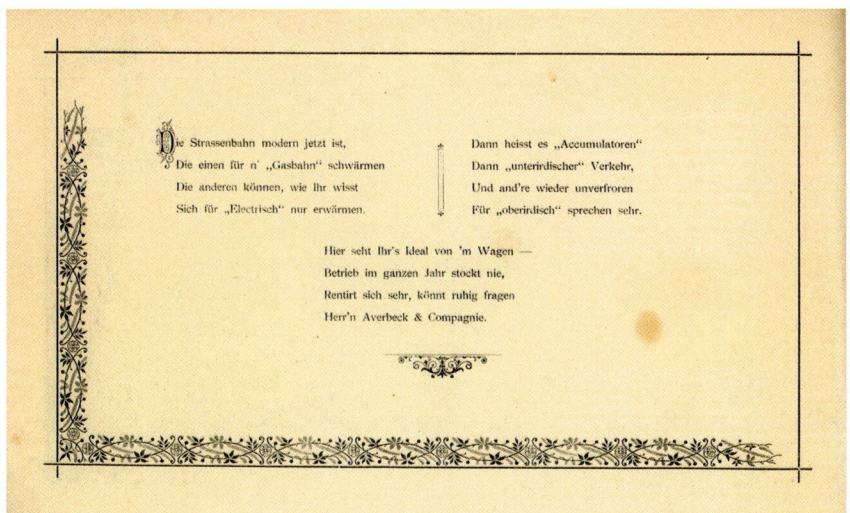

Die Strassenbahn modern jetzt ist,
Die einen für n' „Gasbahn" schwärmen
Die anderen können, wie Ihr wisst
Sich für „Electrisch" nur erwärmen.

Dann heisst es „Accumulatoren"
Dann „unterirdischer" Verkehr,
Und and're wieder unverfroren
Für „oberirdisch" sprechen sehr.

Hier seht Ihr's Ideal von 'm Wagen —
Betrieb im ganzen Jahr stockt nie,
Rentirt sich sehr, könnt ruhig fragen
Herr'n Averbeck & Compagnie.

Neben der möglichen Geruchsbelästigung wurde auch diskutiert, was für eine ober- oder unterirdische Verkehrsführung spricht. Vier Jahre später konnte in Münster die oberirdische Straßenbahn in Betrieb genommen werden. Sie wurde elektrisch betrieben …

Über eine vermeintlich skurrile Idee

Der Turnverein wartete mit einem besonderen Themenwagen auf:
Ein Professor hat die neuartige Idee, auf den Aa-Wiesen ein Wasser-Bassin zu schaffen. Man könne darin baden, Gondeln schaukeln auf dem Wasser, und Schwäne fänden dort ein Paradies. Mit Ironie wurden günstige Bauplätze an den Ufern in Aussicht gestellt.

Es war der als utopisch empfundene Vorschlag des Professors Hermann Landois, nämlich einen See in den Feuchtwiesen der Aa aufzustauen. Jahre später wurde seine Idee bestaunte Realität. Der Bau des 1. Bauabschnitts des Aasees begann zwar vor dem 1. Weltkrieg, konnte aber erst nach längerer Pause 1934 fertiggestellt werden. Entstanden ist eine einzigartige Parklandschaft.

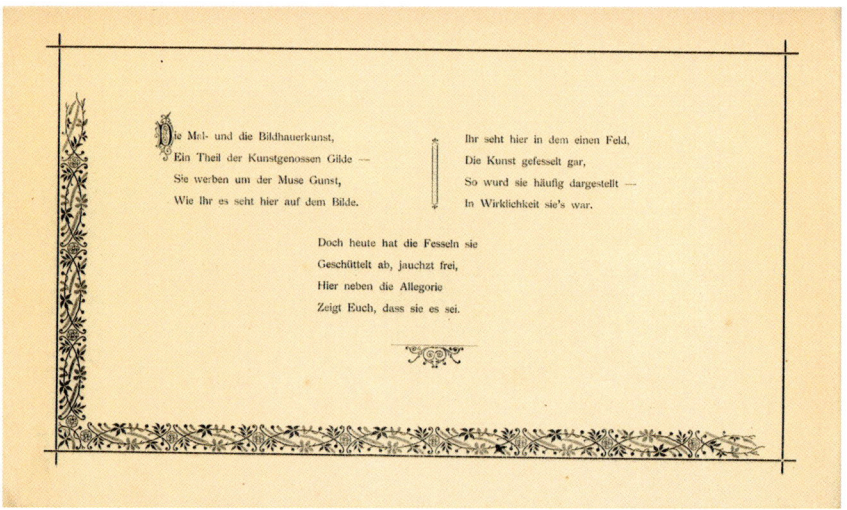

Apropos: Was mögen die Menschen in hundert Jahren über die derzeitige Diskussion zur geplanten Musikhalle denken …

Sorge um ‚a nettes Denkmal'

Anton Rüllers Annette-Denkmal von 1896 stand ursprünglich am Kanonen-
graben. Später bekam es seinen Platz an der Kreuzschanze.

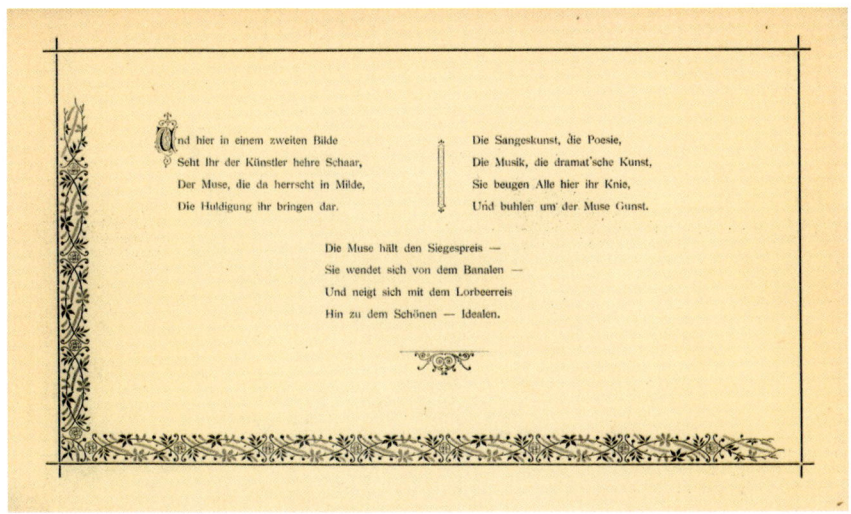

Die fürsorglichen Stadtväter umgaben das Denkmal mit einem Zaun, um es
vor Verschandlungen zu schützen. Die Karnevalisten nahmen sich des The-

mas gerne an und karikierten keck das Vorgehen der Verwaltung: die Annette-Büste könnte doch gleich in ein Bretterhaus gesetzt werden.

Die geplante Markthalle – Studium für Frauen

Es war so schön geplant: eine Markthalle sollte Münster bereichern. Alle Waren unter einem Dach, geschützt vor Wind und Wetter. Doch die Idee kam nicht zur Realisierung.

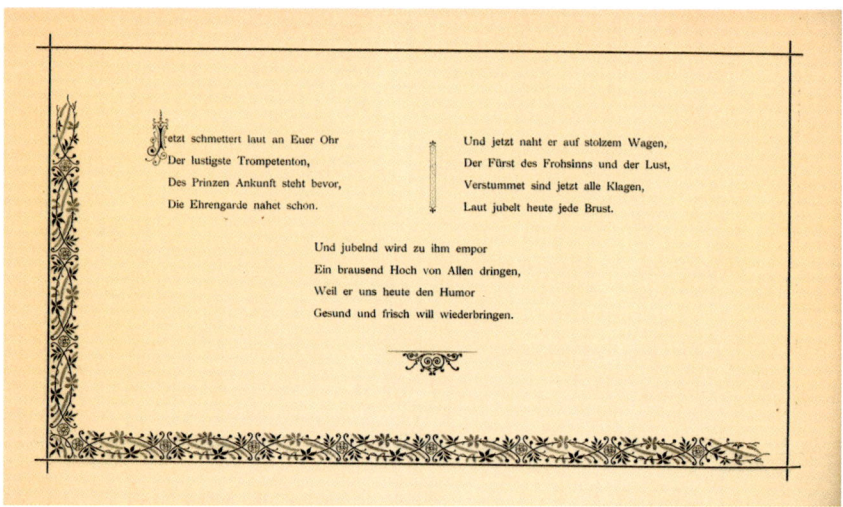

Frauen und Studium? Das passte nicht in das damalige Rollenverständnis. Erst seit 1908 durften Frauen in Münster studieren. Mit dem Themenwagen wurde ihnen ein einsemestriges Studium der Schneiderei zugestanden.

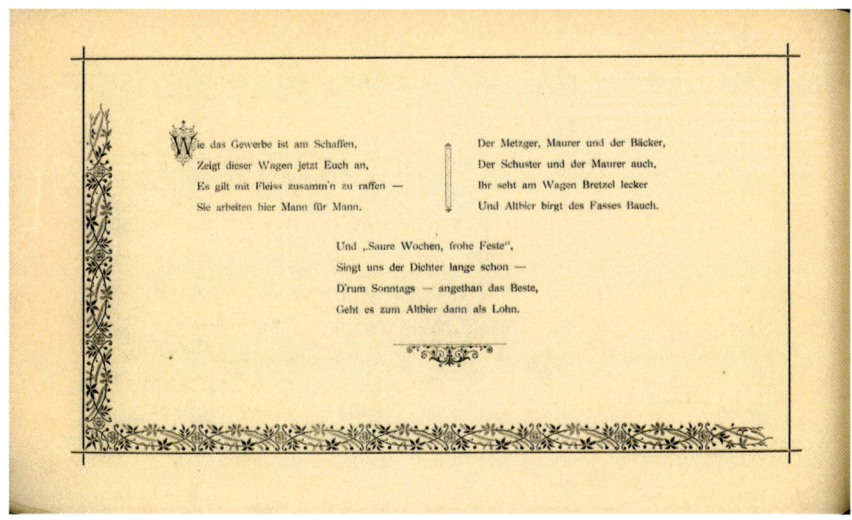

Auch das gab's

Turnhalle in Camerun.   Turnverein Westfalia.

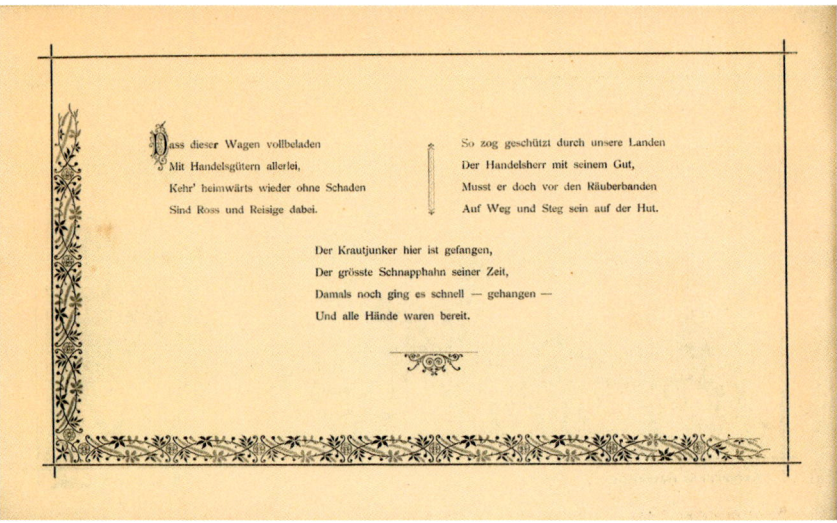

Dass dieser Wagen vollbeladen
Mit Handelsgütern allerlei,
Kehr' heimwärts wieder ohne Schaden
Sind Ross und Reisige dabei.

So zog geschützt durch unsere Landen
Der Handelsherr mit seinem Gut,
Musst er doch vor den Räuberbanden
Auf Weg und Steg sein auf der Hut.

Der Krautjunker hier ist gefangen,
Der grösste Schnapphahn seiner Zeit,
Damals noch ging es schnell — gehangen —
Und alle Hände waren bereit.

Das afrikanische Kamerun war während der Kaiserzeit eine der deutschen Kolonien. Der heute sehr befremdlich empfundene Text und die dazugehörige Zeichnung vermitteln das allgemein vorherrschende Überlegenheitsgefühl gegenüber den Menschen der Kolonien. Nun habe man den ‚Häuptling und seinen Sohn' sogar mit der Turnidee von Turnvater Jahn beglückt. Tatsächlich wurde die einheimische Bevölkerung brutal unterdrückt und das Land ausgebeutet.

Dieses Dokument ist in der Rückschau ein Beleg bedrückenden Unrechts.

Werbeanzeigen

Das ‚Hotel König von England' am Prinzipalmarkt bot der Karnevalisten-Gemeinde ein opulentes Festdinner an. Bei Musik und karnevalistischen Vorträgen konnte ein neungängiges Menü zu sich genommen werden. Bei Schildkrötensuppe, Rheinsalm, Rinderfilet, Champagner-Sauerkraut mit Kassler Rippspeer, Helgoländer Hummer, Rehbraten, Prinz-Pückler-Eis, Käse und einem Dessert wird sich mancher Magen überladen haben.

H. Middendorff
Münster i. W.
Gummi-Regenmäntel
„ Schuhe
„ Matten u. Läufer
Wein-, Bier- u. Wasser-
Schläuche.

Für die Hausbeflaggung, die Ausstattung mit Schärpen, Degen und Federbüschen warb die münsterische Fahnenfabrik. – Die Schirmfabrik Schnitzler warb für schnellste Reparatur von Sonnen- und Regenschirmen. – Ganz modern und gefragt waren Regenmäntel, Schuhe und Bodenbeläge aus Gummi. Sogar Gummi-Schläuche für Wein, Bier und Wasser wurden angeboten. Wie mag Wein oder Bier aus einem solchen Behältnis wohl schmecken …

Das Aegidiiviertel: Kirche – Kaserne – Markt

Die Aegidiistraße um 1900

Die Aegidiistraße mit ihren Gässchen liegt im Herzen Münsters. Das Aegidiiviertel war bis zur Kriegszerstörung geprägt von noblen Bürgerhäusern, Adelshöfen, kirchlichen Gebäuden und Häusern schlichter Bauweise. Die Aegidiistraße ist keine Flaniermeile wie der Prinzipalmarkt, und sie ist auch nicht vergleichbar mit den Einkaufsmeilen Ludgeri- und Salzstraße.

Das jahrhundertelang gewachsene und arg zerstörte Stadtviertel zeigt sich heute wieder lebendig und auch kunterbunt.

Geschichte der Kirche, der Straße und der Kaserne

Die Aegidiikirche um 1900

Die Aegidiikirche um 1950

Die heutige Aegidiikirche war ursprünglich eine Klosterkirche der Kapuziner. Johann Conrad Schlaun hatte das Gebäude in den Jahren 1724 bis 1728 umgebaut und erneuert.

Nach Abriss der schräg gegenüberliegenden alten Aegidiikirche mit allen darauf befindlichen Gebäudeteilen übernahm die Klosterkirche die neue Funktion als Pfarrkirche St. Aegidii.

Die Kirche hat den Krieg weitgehend unbeschadet überstanden.

Außenansicht der Aegidiikaserne

Kasernenhof

Die Aegidiistraße mit ihrem Umfeld hat eine lange Geschichte hinter sich. Sie war einst ein frühmittelalterlicher Handelsweg. Über die Jahrhunderte änderte sich der Straßenname, wie z.B. in frühesten Jahren auf Niederdeutsch: Sanct-Iliens-Straße (Sanct-Aegidius-Straße), unter den Täufern: Königinnenstraße und später bis heute: Aegidiistraße. Die Straße führte direkt von der Rothenburg zu einem Stadttor, dem Aegidiitor.

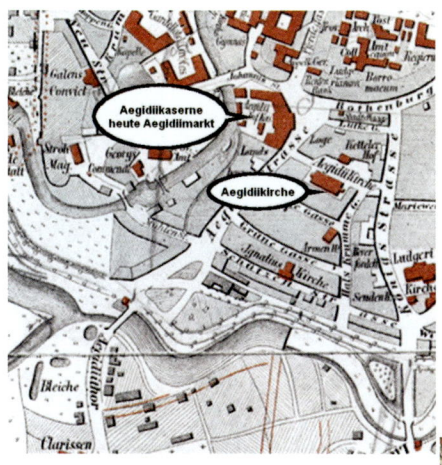

Stadtplan 1864 Ausschnitt

Namensgeber der Kirche ist der Hl. Aegidiius, der zu den 14 Nothelfern zählt. Ihm werden Hilfe und Linderung bei Geisteskrankheiten und Fieberwahn zugeschrieben.

Auf dem großen Vorplatz der Kaserne fanden vielfältige Veranstaltungen statt, unter anderem auch der münstersche Send.

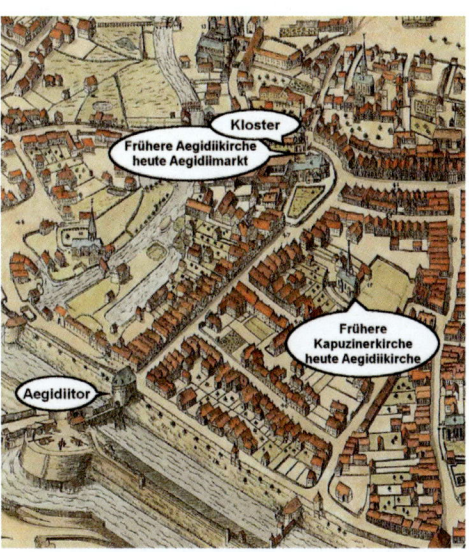

Ausschnitt Alerdinckplan 1636 - Vermessungs- und Katasteramt der Stadt Münster 8.5.2015, Kontrollnr. 6222.284.15

Ab 1918 waren in der Kaserne die Polizeischule und ein militärisches Versorgungsamt untergebracht.

Die ursprüngliche Aegidiikirche und ein Kloster der Zisterzienserinnen standen einst dort, wo sich heute der Aegidiimarkt befindet. Im Jahre 1821 stürzte die marode Kirche ein. Das Grundstück mit den noch vorhandenen Gebäuden des Klosters wurde geräumt, um es mit einer Kaserne, der Aegidiikaserne, für 1500 Soldaten zu bebauen. Die

Soldaten wohnten vor der Kasernierung privat in den Häusern der Münsteraner – und dies zu deren großem Leidwesen – und später auch in Klöstern, die nach 1810 aufgelöst worden waren.

Die Aegidiikaserne

Im Hintergrund die beschädigte Aegidii-Kaserne –
1943 heimlich, unter Strafe fotografiert

Das trümmerbefreite Grundstück 1950er Jahre –
Foto Cekade

Die zerstörte Aegidiikaserne im Oktober 1943 –
Foto Carl Pohlschmidt ULB Münster

Parkplatznutzung um 1970 – Foto Alfred Kaup

Nach der Zerstörung im 2. Weltkrieg wurde das Grundstück ab Mitte der 50er Jahre als Parkplatz genutzt.

Ein Wiederaufbau der Kaserne war selbstverständlich ausgeschlossen und der viel diskutierte Bau einer Markthalle verlor das Rennen. Stattdessen entstand 1975 das Wohn- und Geschäftshaus Aegidiimarkt mit einer zehngeschossigen Tiefgarage.

Der Aegidiimarkt 2018

Die Bauarbeiten verursachten massive Probleme. Da sehr tief – 18 Meter – für die unterirdischen Geschosse der Garage gegründet wurde, muss das hochstehende Grundwasser laufend abgepumpt werden.

Durch die Senkung des Grundwasserspiegels entstanden Schäden an Gebäuden der Nachbarschaft. Dies führte zu langen Schadensersatzprozessen. Im Übrigen befindet sich im 10. Untergeschoss ein Zivilschutzbunker für 3.000 Menschen. Daneben gab es auch eine Schießanlage, in der früher die Kunden der Firma Kettner Jagdwaffen ausprobieren konnten.

Die Aegidiistraße

Die Aegidiistraße stadtauswärts um 1910 – Rechts der Landsberger Hof (mit Balkon)

Die Aegidiistraße mit Kaserne – Ansichtskarte um 1900

17

Die Aegidiistraße im Oktober 1943 – Foto Carl Pohlschmidt
ULB Münster

Nach Bombenangriff 1943 – Aegidiistraße

Die jahrhundertealte Bausubstanz vieler Fachwerkhäuser bot gegen die Bombardierungen besonders wenig Widerstand. Die Gebäude stürzten wie Kartenhäuser in sich zusammen. Zurück blieben nur Haufen von Schutt, Holzbalken und Hausrat. Das nebenstehende Foto dokumentiert dies eindrucksvoll.

Die alte Aegidiistraße war vor der Zerstörung eng und schmal. Nach der großflächigen Zerstörung wurde sie verbreitert wieder aufgebaut.

Aegidii-Ludgeri-Friedhof
Münster i. W.

Beerdigt wurde zunächst auf dem Kirchhof der Aegidiikirche, ab etwa 1780 im zugeschütteten Befestigungsgraben zwischen Ludgeri- und Aegidiitor und ab etwa 1810 bis 1886 auf dem Aegidii-Ludgeri-Friedhof vor den Toren der Stadt. – Heute steht dort die Antoniuskirche.

Die Einwohnerbücher um 1900 geben Auskunft über die Struktur der damaligen Bewohner des Aegidiiviertels. Es waren Handwerker, Gastwirte, Arbeiter, Pensionäre, Kaufleute und auch Adelige. Nicht verwunderlich ist die große Zahl der Gaststätten, die gleichzeitig Bäckereien und Brauereien waren.

Neben prachtvollen Gebäuden, wie dem Landsberger Hof, gab es Anwesen gehobener Bürgerlichkeit, aber auch sehr schlichte, ärmliche Häuser.

5 Pröbsting, B., Metzger [1]
Rothaus, Frz., Gärtner [2]
Wimber, B., Maurer [3]

Aegidiikirchplatz.

Links:

3 E (Handwerkskammer)
Advena, Bernardine, Wwe., Private [1]
Hückelkempken, Ottilie, Wwe., Priv. [1]
Tewes, Ant., Hausknecht
5 E (Aegidii-Schulgemeinde)
Aegidii-Mädchenschule
Fleiter, Elisabeth, Lehrerin [1]
Rode, Antonia, Lehrerin [1]
Stork, Maria, Lehrerin [2]
7 E (Aegidii-Schulgemeinde)
Dröge, Ant., Lehrer
9 E (Aegidii-Kirche)
Casser, Theod., Küster
Köller, Elise, Private [1]
11 E (Aegidii-Schulgemeinde)
Aegidii-Knabenschule
Weyer, Theod., Hauptlehrer [1]

Rechts:

2 E Aegidii-Kirche
4 E (Aegidii-Kirche)
Glasmeier, Heinr., Pfarrer

Aegidiistraße.

1/2 E Casser, Frz., Wwe., Restauration
Grönhoff, Kath. u. M., Rentnerinnen [2]
Hausmann, D., Wwe., Rentnerin [1]
3 (Schrickel, Carl, Recklinghausen)
Grüntgens, R., Kellner (Kaffeestube)
← Lütkegasse
4 E Siegmann, El., Wwe., Rentnerin
Siegmann, Ewald, Schenkwirtschaft
5 E Edelbeck, Joh., Schreibmat.-Hdlg.
Edelbeck, Gertr., Inhaberin obiger
Firma
Hagemann, J., Wwe., Private [1]
Krumann, Barbara, Wwe., Private [1]
Sternberg, N., Modes [1]
6 E (Hegemann, Christina, Erben)
Sander, Invalide
Straten, E., Wwe., Private
7 E Tintrup, W., Wwe., Schenkwirtsch.
Tintrup, Wilh., Kaufmann
8 E Handwerkskammer Münster ☎ 533
Busch, Clara, Rentnerin [1]
Esterhues, Fr., Beauftragter Hand-
werkskammer [2]
9 E Vissing, Joh., Schenkwirtschaft

10 E Grotemeyer, Wilh., Wwe., Kon-
ditorei (Fil. Bahnhofstr. 2) ☎ 778
← Aegidiikirchplatz
11 E (Aegidii-Kirche)
Breuer, Anna, Büglerin [1]
Gerversmann, Maria, Näherin [1]
Middendorf, Bernh., Hausknecht [2]
Schaphorn, B., Schuhmacher u. Küster
Witte, Herm., Schäfte-Stepperei und
Lederhandlung
12 E Sütfeld, Aug., Uhrmacher
Hoeter, Maria, Rentnerin [1]
13 E (Glandorff, Wilh., Erben)
Glandorff, Ant. u. Paula, Private
Aengenvoort, Frz., Domvikar
Hollmann, Anna, Wwe., Private [1]
Kammeyer, A., Wwe. d. Gerichtssekr. [2]
Niermann, Wwe.
Unterbrink, Th., Mehlhandlung
14 E Hange, Franz, Dekorationsmaler,
Glaser, Tapezierer, Anstreicher und
Dekorateur ☎ 260
Stupperich, Frz. Schuhmacher
15 E (Oester, Frz., Rothenburg 21)
Potthoff, Fritz, Kunstwerkstätten, bis
1. April, dann Aegidiistr. 51
16 E Veste, A, Schuhmachermstr.
17 E Moll, Bernh., Kol.-, Samen- und
Düngemittelhdlg. en gros & en détail
☎ 79
← Breitegasse
18 E Rems, Hrch., Buchhändler [1]
Sechelmann, Gertr., Ehefrau, Modes
Sechelmann, Hrch., Zahlmeister-Aspir.
19 E Bäumer, Klara, Wwe., Buchbinderei
Bäumer, Hrch., Bildhauer
Overmann, Anna, Private [1]
20 E (Kaempers, G., Erben)
Iskmann, Anna, Näherin [1]
Kämpers, Jos., Klempnerei u. Instal-
lationsgeschäft
Behmer, Chr., Wwe., Arbeiterin [1]
Wessel, Maurer [2]
Wünnink, Konr., Arbeiter [2]
20a E (Kath. Gesellenverein, Aegidiistr. 21)
Grautmann, H., Domvikar [2]
Kaltenbach, Klem., Bureau-Artikel,
Geldschränke, Rolläden, Jalousien
☎ 1232
von Landsberg, Freiin [1]
Stegemann, Frz., Hutgeschäft
Wahl, Hrch., Zigarren- u. Tabakhdlg.
(Filiale)
21 E Kath. Gesell.-Verein Münster ☎ 2163
Becker, W., Hausmeister

Auszug Einwohnerbuch 1909

Der Landsberger Hof war von Johann Conrad Schlaun umgestaltet worden und diente beim Kaiserbesuch 1907 als Quartier für adelige Gäste.

Straßenszene vor dem Landsberger Hof

1980er Jahre - Fotograf unbekannt

Vormals Landsberger Hof, später Tankstelle mit Wohnhaus und jetzt Wohnhaus

Nach dem Krieg entstand an dieser Stelle ein nüchternes, funktionales Wohnhaus mit einer Tankstelle – der Aegidii-Tankstelle – im unteren Bereich des Hauses. Das Gebäude mit der Tankstelle existiert inzwischen ebenfalls nicht mehr. An dieser Stelle ist ein neues Mehrfamilienhaus entstanden. – An den Landsberger Hof erinnert heute nichts mehr.

Altbierbrauerei Mackenbrock Aegidiistraße 47 – Ansichtskarte um 1900

Blick von der Mühlenstraße um 1950, rechts die Gasolin-Tankstelle

Von etwa gleicher Stelle aus 2017 fotografiert

Vom Gesellenhaus zum Stadthotel

Auf ihren Wanderungen übernachteten Handwerksgesellen anfangs in Klöstern, später in Herbergen der Bäcker und Brauer. In Münster errichtete ein katholischer Gesellenverein 1852 am Domplatz eine Herberge für wandernde Gesellen. 1906 erfolgte der Umzug zur Aegidiistraße und hieß alsdann ‚Kolpinghaus‘. Nach dem Umbau heißt die Unterkunft nunmehr ‚Stadthotel‘.

Ansichtskarte anlässlich des 50jährigen Bestehens 1902

Die Nebenstraßen

Stadtplan 1864

Die Aa bildet westlich der Aegidiistraße eine natürliche Grenze, sodass nur die Mühlenstraße im Süden der Aegidiistraße in diese Richtung führt. Zur anderen Seite hin sind es die Lütke Gasse, der Aegidii-Kirchplatz (bis 1873 Kapuziner Gasse), die Breite Gasse, die Grüne Gasse, die Schützenstraße und die Wallgasse.

Der Name der Schützenstraße steht in enger Verbindung mit den damaligen Befestigungsanlagen. Die Straße gehörte zum mittelalterlichen Wegenetz und erinnert an die alten Aa-Schleusen zur Regulierung der Wasserstände der Gräben und an den Schützenwall, der Übungsplatz für Schützen war.

Eine Wassermühle des Bispinghofs fand erstmals im Jahre 1217 Erwähnung und wurde Namensgeber der Mühlenstraße.

Der Name der Grünen Gasse deutet darauf hin, dass diese Straße einst wenig befahren oder begangen wurde, sodass Grünwuchs sich ausbreiten konnte (Deutung Wilhelm Kohl in der MZ-Serie von 1957). Außerdem rankt sich um die Grüne Gasse (Grone Stige) die Legende, sie sei in Zeiten der Pest zugemauert worden. Sich selbst überlassen wäre sie dann grün zugewachsen. Die Wallgasse verlief parallel zum Wall der Befestigungsanlage und bekam deshalb diesen Namen.

Gaststätte, Biergarten und Brauhaus Beisenkötter in der Breiten Gasse um 1900

Das Haus der Fürstin Amalie von Gallitzin

In der Grünen Gasse stand ein einfach wirkendes, langgestrecktes Bürgerhaus mit einem Mittelgiebel. Es war im Besitz der Familie Droste zu Vischering und wurde 1780 von der Fürstin Amalie von Gallitzin erworben. Sie nutzte es als Stadthaus. Ihr weiterer Wohnsitz befand sich in Angelmodde.

Zeichnung Johannes Rödiger - ULB Münster

Um die Fürstin versammelten sich die Intellektuellen und die damalige schöngeistige Elite. Goethe besuchte sie in der Grünen Gasse.

Auch der Philosoph Johann Georg Hamann verkehrte im Hause der Fürstin. Am 21.6.1788 wollte Hamann seine Heimreise nach Königsberg antreten, als er verstarb. Für einen evangelischen Christen war eine Beerdigung im katholischen Münster problematisch. Es gab keinen Friedhof für diese Glaubensangehörigen. Seine Leiche wurde im Garten der Fürstin - es war ihr großer Wunsch - beigesetzt. Nach deren Tod verkam der Garten zu einem Kartoffelacker. Die Umbettung der Leiche auf den Überwasserfriedhof kam auf Anweisung des preußischen Königs Friedrich Wilhelm IV. zustande. Der Grabstein erinnert auch heute noch an den großen deutschen Philosophen.

Grabstätte Johann Georg Hamann auf dem Überwasserfriedhof

Die Fürstin starb 1806 und wurde in Angelmodde beigesetzt.

Dort, wo einst ihr Wohnhaus stand, befindet sich heute das Annette-von-Droste-Hülshoff-Gymnasium.

Und heute …

Die Aegidiistraße ist heute eine wichtige Zufahrtsstraße ins Stadtinnere und wird von Fußgängern, Radfahrern und Autos stark frequentiert.

Restaurants und kleinere Geschäfte sind rechts und links von der Straße – wie früher – zu finden. Vom Charme des alten Aegidiiviertels ist allerdings nichts geblieben. Einfache Nachkriegsbauten wurden der Not gehorchend schnell und billig erstellt. Zwischenzeitlich wird das eine oder andere Gebäude in einer architektonisch ansprechenden Form ersetzt.

Das Stadthotel, vormals Kolpinghaus

Blick stadteinwärts, links der Aegidiimarkt, im Hintergrund
das LWL-Museum

Abbildungen, soweit nicht anders angegeben: Sammlung Stoffers (Münsterländische Bank – Stadtarchiv)

Bildnachweise

Die Fotografien stammen überwiegend aus privatem Besitz und wurden – soweit möglich – namentlich gekennzeichnet. Sofern zu historischen Abbildungen keine Angaben gemacht wurden, stammen sie aus der Sammlung Stoffers (Münsterländische Bank Thie – Stadtarchiv Münster).

Der Bildnachweis wurde mit großer Sorgfalt auf der Basis der dem Verlag bekannten Fakten erstellt. Sollte trotz sorgfältiger Recherche nicht alle Rechteinhaber ermittelt worden sein, werden berechtigte Ansprüche selbstverständlich im Rahmen der üblichen Vereinbarungen abgegolten.

Dank

Mein herzlicher Dank für die Unterstützung geht an:

Mechthild Pieper und Steffen Opitz von der Münsterländischen Bank Thie Anja Gussek und Dr. Peter Worm vom Stadtarchiv Münster.

Für die Bereitstellung von Fotos danke ich: Erwin Schröder, Wilfried Schroeder, Steffi Stephan, Monika Kaup Büscher und Ernst-August Schmelter und Florian Adler von den Stadtwerken Münster.

Besonders danke ich den vielen Personen, die sich mit mir in Verbindung gesetzt haben und zum Gelingen dieser Veröffentlichung beigetragen haben. Ich danke Heide Krede und Antje Monzlinger für die kritische Durchsicht meiner Texte, Wilfried Schroeder für seine herrlichen Grafiken und insbesondere meiner Frau Gilla, die mir immer gern zur Seite stand.

Rechtliches